"两弹一星"元勋
故事丛书

孙家栋：
天上有颗"中国星"

SUNJIADONG TIANSHANGYOUKEZHONGGUOXING

黄传会 著

青海出版传媒集团
青海人民出版社

图书在版编目（CIP）数据

孙家栋：天上有颗"中国星" / 黄传会著 . -- 西宁 : 青海人民出版社 , 2024.7（2025.7 重印）
（"两弹一星"元勋故事丛书）
ISBN 978-7-225-06717-9

Ⅰ . ①孙… Ⅱ . ①黄… Ⅲ . ①孙家栋 — 传记 — 青少年读物 Ⅳ . ① K826.16-49

中国国家版本馆 CIP 数据核字（2024）第 066051 号

"两弹一星"元勋故事丛书
孙家栋：天上有颗"中国星"
黄传会　著

出 版 人	樊原成
出版发行	青海人民出版社有限责任公司
	西宁市五四西路 71 号　邮政编码：810023　电话：（0971）6143426（总编室）
发行热线	（0971）6143516 / 6137730
网　　址	http://www.qhrmcbs.com
印　　刷	青海新宏铭印业有限公司
经　　销	新华书店
开　　本	890 mm × 1240 mm　1/32
印　　张	6.375
字　　数	122 千
版　　次	2024 年 7 月第 1 版　2025 年 7 月第 3 次印刷
书　　号	ISBN 978-7-225-06717-9
定　　价	30.00 元

版权所有　侵权必究

引 子

太空对话

茫茫太空,旷远深邃。

2020年6月23日,北斗三号最后一颗"收官之星"在西昌卫星发射中心点火升空。至此,北斗三号全球卫星导航系统全面建成并开通,为全球用户提供全天候、全天时、高精度的定位、导航和授时服务。

北斗三号的"收官之星"与它的54颗兄弟姐妹星,遨游在无边无际的太空,显得有几分自豪,又有几分新奇。忽然,它想起了一件事,立即睁大双眼,四处寻找着。

太空竟然是如此地深不可测,"收官之星"觉得自己像是沙漠里的一粒沙子,大海里的一朵浪花,三天过去了,五天过去了,它没有发现目标。

毕竟过去了半个世纪,或者它已经消失了,或者它隐藏在哪个角落。"收官之星"不免有些失落。那天半夜,"收官之星"眺望着正前方,发现远处一颗星星时隐时现,它两眼一亮,快速跟了上去,心中暗喜:没错,就是它!

"收官之星"一边快速追赶了上去,一边呼喊道:"东方红一号!东方红一号!"

"咦,你是谁呀?"

"我是北斗三号的'收官之星'。"

东方红一号不解地问:"北斗三号'收官之星'?我在天上这么久,怎么从没听说过啊?"

"收官之星"解释说:"老前辈,北斗三号是我国独立自主建设、独立自主运行的全球卫星导航系统。北斗导航系统一共发射了55颗卫星,我是最后一颗'收官之星',刚刚上天。"

东方红一号惊讶地说:"这可是国之重器!欢迎你啊,小伙子!"

"哎哟喂,总算找到您了,老前辈!"

"茫茫宇宙,遇到家乡人了,高兴啊!"

"收官之星"说,"我这次上天,还有另外一个任务,代表一位长者千里迢迢来看望您,您猜猜看他是谁?"

东方红一号迫不及待:"谁呀?他是谁?"

"孙家栋院士!知道吗?"

"孙家栋!我们可是老朋友啦!半个世纪前,毛泽东、周恩来、聂荣臻等老一代领导人英明决策,在钱学森等老前辈的领导下,孙先生作为技术负责人,带领科技人员将我送上太空。如果放在今天，他就是东方红一号的总设计师。"

"对！他现在是中国科学院院士，还是'两弹一星'功勋奖章获得者和'共和国功勋'获得者。"

"什么是'两弹一星'功勋奖章？"

"收官之星"说："看来老前辈没有通信设备，在太空待的时间长了，信息的确是有些不畅啊。'两弹一星'功勋奖章是我国为表彰'两弹一星'事业的23位卓越科学家于1999年国庆50周年前夕由中共中央、国务院和中央军委授予的奖章。"

"'两弹一星'，一个是核弹，核弹包括原子弹和氢弹，还有一个是导弹。'一星'就是指的您东方红一号了。更重要的是，后来因此产生了'两弹一星'精神，概括起来二十四个字：热爱祖国、无私奉献、自力更生、艰苦奋斗、大力协作、勇于登攀。'两弹一星'精神是第一批纳入中国共产党人精神谱系的伟大精神，是中国人民在20世纪创造的宝贵精神财富，对于全面建成小康社会，实现中华民族伟大复兴的中国梦具有重大意义。"

"那'共和国功勋'呢？"

"'共和国功勋'是中华人民共和国最高荣誉勋章，授予在中国特色社会主义建设和保卫国家中作出巨大贡献、建立卓越功勋的杰出人士。2020年8月11日，获得这一殊荣的有孙家栋等8位功勋。"

"孙老真是令人高山仰止啊！"

"收官之星"说："孙院士60多年来，主持我国第一颗人造地球卫星东方红一号为代表的45颗卫星的研制和发射，创建了中国航天史上多个第一的辉煌：主持了我国月球探测、北斗导航重大航天工程的研制工作，为我国突破人造卫星技术、卫星遥感技术、地球静止轨道卫星发射和定点技术、卫星导航组网技术和深空探测技术作出了重大贡献。是我国人造卫星技术、深空探测技术和卫星导航技术的开创者之一。"

东方红一号感慨地说："我还记得50多年前，孙老他们为了将我送上天，可以说是历尽了千辛万苦，克服了重重困难。"

"收官之星"告诉东方红一号："我在中国空间技术研究院完成整星测试后，孙老专门来看望我，他左瞅瞅、右看看，眯缝着双眼微笑着，然后对我说：'小伙子，你马上就要出征了，到了太空，你得帮我去完成一件任务。'我说：'孙老，有什么事，你尽管吩咐吧。'孙老说：'到了太空，刚开始你肯定会很忙，到了忙得差不多的时候，你得为我去找颗卫星。''找颗卫星！找颗什么卫星？'孙老说：'就是我国发射的第一颗人造卫星——东方红一号！'我诧异：'孙老，东方红一号好像是50年前发射的，它早不在了吧？''不，它还在。虽然它已经不能工作了，但还在太空遨游……你一定要想办法去看看它，带去我和所有航天人对它的问候。现在看，东方红一号的技术含量不值得一说，但在当时却是非常了不起的。它让中国成为继苏、美、法、日之后第五个把卫星送入太空的国家，中国从此进入太空时代，开启了航天事业的新纪元。'"

"哎呀，难得孙老还记得我。"

"他亲手将您送上太空的，怎么会忘了您？"

东方红一号自豪地说："我的总重量是173公斤，当时超过了前4个国家发射第一颗卫星的重量之和。而且，我的近地点是439公里，远地点是2384公里轨道，这一组数字，比美苏发射的卫星轨道都要高，而且，到现在我还在轨飞行。"

"老前辈了不得啊，您已经成为中国人的一种精神象征，至今，中国人说起您，依然是豪情满怀啊！"

东方红一号说："离开祖国半个世纪了，真是无一日不在想她啊。在天空上，每当遥眺细线般的长江、黄河和小积木似的喜马拉雅山，心头便有一股热潮翻涌。这半个世纪，祖国发生了天翻地覆的变化，祖国的航天事业也是蒸蒸日上……赶紧赶紧，你给我说说咱们航天行业的大事。"

"航天行业的大事，那可是三天三夜都说不完。""收官之星"有些为难，"这样吧，我挑主要的说。老前辈一定记得中国的航天之父钱学森曾经说过的一段话：'实现宇宙航行，是科学史上最重大的事件。在此以前，人类都是在地球上观察和研究自然。今后就可以在一个新的立足点上来研究自然和宇宙，这样必然会出现一个科学技术上大发现、大创造的时期。'为了实现宇宙航行，半个多世纪来，一代代航天人传承红色基因，弘扬航天精神，自力更生，艰苦奋斗，勇于攀登航天科技高峰，从'两弹一星'到载人航天工程，从'北斗'组网到'嫦娥'工程，我国航天事业建立起彪炳史册的卓越功勋。近几年，发展的步子更快，载人航天'三步走'战略第二步任务圆满完成；嫦娥五号采用返回圆满成功；北斗三号全球卫星导航系统已经建立；火星探测器正在'奔火'途中……我国航天由国外先进航天团队的'跟跑者'到'并行者'，某些项目甚至是'领跑者'。"

东方红一号不由得赞道："哎呀，太激动人心啦！回想我国航天事业刚起步时，一无所有，一穷二白。几十年过去了，我们一步一个脚印走到今天，取得了辉煌的成就，让全世界刮目相看。"

"哦，老前辈，时间快到了，我还得去执行任务，咱们下次再聊！""收官之星"说。

东方红一号说："好好好，年轻人，你先去忙你的，咱们下次再聊！"

"收官之星"与东方红一号招了招手，快速离去。

东方红一号深情地望着"收官之星"，直到它消失在茫茫天际……

目 录
contents

第一章 / 1
　　"红色月亮" / 1

第二章 / 10
　　艰难岁月 / 10

第三章 / 38
　　从"1059"到东风二号 / 38

第四章 / 67
　　"我们也要搞人造卫星！" / 67

第五章 / 88
　　重　任 / 88

第六章 / 102
　　上得去，抓得住，看得见，听得到 / 102

第七章 / 148
　　那颗"星星"会唱歌 / 148

第一章

"红色月亮"

莫斯科晚秋的景色格外迷人。

几场秋雨,送走了夏的葱茏。五颜六色的树叶,为所有的街区穿上了五彩缤纷的盛装。一阵秋风刮来,漫天飞舞着色彩斑斓的"雪花"。

位于莫斯科郊外的茹科夫斯基空军工程学院,此时也被浓浓的秋色笼罩着。

莫斯科时间1957年10月5日凌晨1时36分,塔斯社发布电讯稿:

多年来,苏联一直致力于人造卫星的研究和试验工作。苏联在国际地球物理年的研究计划中已经谈到过考虑发射人造卫星的问题。

经过各个研究所和有关科研单位的紧张努力，第一颗人造地球卫星现在已经诞生。10月4日，苏联成功发射了第一颗人造卫星。

这条一百来字的电讯，一下子震惊了全世界！

这颗名叫斯普特尼克一号（俄语名原意"旅行者"）的卫星，又被称为"红色月亮"。两个多小时前，在离莫斯科2000多公里的一个偏远角落——苏联哈萨克共和国丘拉坦秘密基地，随着一声巨大的轰鸣声，一枚直径58厘米的运载火箭，头顶着一颗重量近83.6千克的圆球形卫星，升上夜空。

斯普特尼克一号以每小时29000公里的速度脱离地球引力，随后，卫星飞越南极上空，穿越非洲大陆，掠过塞浦路斯岛和土耳其，又重返苏联上空。5日1时10分，卫星在高加索山脉上空完成了绕地球飞行一圈后，向地球发送无线电波信号。

斯普特尼克一号发射成功，"红色月亮"升空，当时的社会主义阵营欢欣鼓舞，而资本主义阵营却遭遇重创。美国朝野目瞪口呆、一片哗然，把这一天当作"国耻日"；西欧"惊恐不安"；日本对"美国迷信"打了折扣……

苏联沸腾了。

茹科夫斯基空军工程学院沸腾了。

凌晨三四点钟，窗外传来了一阵阵鼓乐声、欢呼声。

孙家栋忽然被惊醒了过来……他不知道发生了什么事情，

俄罗斯民族热情奔放，苏联老百姓喜欢热闹，一有什么喜事都要闹出点儿动静来。此时，不知道又发生了什么事情……来苏联留学六年多了，对这些他也习以为常了。

孙家栋翻了个身，又进入了梦乡。

口号声、欢呼声，还夹杂着铜管乐声，孙家栋再一次被震醒，他睁开双眼，坐了起来。同宿舍的几位同学也都坐了起来。

"什么情况呀？"

"深更半夜的，怎么这么热闹？"

孙家栋披着衣服，拉开窗帘，只见校园里灯光明亮，有人挥舞着小旗，有人举着横幅，还有管乐队在吹奏……

"同学们，起来，快起来！"

"同学们，苏联第一颗人造地球卫星上天了！"

忽然，走廊里传来了班主任瓦西里的声音。

大家赶紧起床穿衣，跑到走廊里。

瓦西里兴奋地对大家说：

"同学们，昨天夜里11时28分，伟大的苏联在哈萨克共和国发射基地成功发射了人类第一颗人造地球卫星斯普特尼克一号，这是苏联的伟大胜利，也是社会主义阵营的伟大胜利！"

中国留学生第一次听说人造卫星，惊奇万分。

瓦西里又说："同学们，苏联现代宇宙航行学的奠基人康斯坦丁·齐奥尔科夫斯基有一句名言：'地球是人类的摇篮，但人类不可能永远被束缚在摇篮里。'多少年来，人类渴望走出地球,去天外寻找新的家园。苦苦求索,百折不挠,今天,优秀的苏联儿女终于领取了人类走出地球的第一张'通行证'!"

上午,学院举行了隆重的庆祝大会。

彩旗飘扬,歌声嘹亮。

院领导、教授代表、学生代表都热情洋溢地发了言。

"乌拉!"

"乌拉!"

口号声一浪高过一浪……

中国留学生回到宿舍,情绪高昂,依然意犹未尽:

"苏联老大哥真是太伟大了,终于领取了人类走出地球的'通行证'。"

"第一颗人造卫星上天,是对美帝国主义狠狠的打击!"

"艾森豪威尔这回肯定着急得睡不着觉了。"

孙家栋充满憧憬地说:"什么时候要是咱们国家也能升起这轮'红色月亮'那该多好!"

"我敢肯定,有苏联老大哥的支持,过不了多长时间,咱们中国也一定能升起这轮'红色月亮'!"

"我们应该向院方提出改专业,去学习造卫星,这样回国后能马上帮助祖国造卫星。"

"这个建议好,应该向院里提提。"

"改专业哪有那么容易,再说,咱们马上就要毕业了。"

……

留学生党支部专门就斯普特尼克一号发射成功组织学员进行学习座谈。大家为"红色月亮"的升空深受鼓舞；同时，也热切地渴望早日回国，参加祖国的社会主义建设，奉献自己的青春才华。

孙家栋没有想到自己的命运会与中国的第一颗人造地球卫星联系在一起……

当然，这是十年之后的事情！

北京。空军司令部。

那天，空军司令员刘亚楼上将接到了聂荣臻元帅的电话："亚楼啊，有件事要向你求助了。"

刘亚楼连忙说："岂敢，聂帅，请指示！"

聂荣臻说："最近，你们选送的去苏联茹科夫斯基学院的那批学员马上要毕业回国。你知道钱学森他们五院急需增补技术人员，所以，向你求助，支持钱学森他们一下。"

刘亚楼没料到聂帅来电是为此事，他思忖片刻，问："聂帅，您知道空军也正期待着这批学员呢！不过，您开口了，我还能不办？您说给几个？"

聂荣臻毫不客气："如果可能的话，一个不留全给五院。"

"聂帅，这也太……太……哎呀……"刘亚楼差不多喊了起来，"聂帅，您知道空军现在也是最需要专业人才的时候。这样吧，老帅开口了，一家一半。"

聂荣臻笑了："一向大方的亚楼，今天怎么这样小气？"

刘亚楼只好说："给他们 15 个，我们留 8 个行吗？"

聂荣臻说："好，一言为定！"

孙家栋被分到五院一分院导弹总体部。与他一起分到一分院的留苏同学，还有孙敬良、李伯勇、于龙淮、刘从军等，他们后来均成为中国航天领域的知名专家。

1958 年 4 月 20 日。

孙家栋永远记住了这个日子——刚刚从苏联茹科夫斯基空军工程学院毕业回国，那天，他特意换了一身新军装，意气风发、迫不及待地赶到国防部第五院一分院导弹总体设计部报到。

经过在苏联 6 年零 8 个月的勤学钻研，孙家栋以优异的成绩毕业，并且荣获最高苏维埃颁发的"斯大林奖章"——那一年，全苏联军队院校毕业生，仅有 13 名获此殊荣。中国留学生名列其中，更属不易。在苏联红军俱乐部的领奖台上，孙家栋接受了这枚来之不易的奖章。

孙家栋后来回忆起刚去一分院的情景时，写道：

> 我们的单位对外称呼叫 0038 部队，入伍的人不能对父母和妻儿泄露任何有关单位性质和驻地的情况。那时候还没有打电话的习惯，何况像我们这样的年轻人也根本不可能那么随便接到电话。见到过去的同学朋友，他们肯定要问问你到哪儿去了，我就编，有时候第二次再见到那个同学，自己也忘了

上次编的话，就又编了一个，人家感觉你这个人很奇怪，有的同志写信时不小心说出去了，就受处分了。有的同志出去谈女朋友，一谈起做什么工作的，经常吞吞吐吐地把女方弄得莫名其妙，最后不少人都吹了。国防部五院对保密工作非常严格。每个人都有个保密包，单位专门做了一个绿色帆布的大口袋，再给每人发个保密本，领本的时候要签字。保密包的封口有两根细绳，有块橡皮泥把两根绳按上。按上以后自己盖个戳，交到保密室。下班后只要你离开这个楼，你的文件包里所有的文件都要交到保密室，保密室一天24小时都有人值班。第二天你上班的时候，要办个签字手续，才能领出包来。领包时还得看一下，我昨天盖的那个戳有没有人动过，证明没人动过，再领出来。

那是个激情澎湃、民心高昂的年代。

"大跃进"的口号响彻云霄。为了"赶超英美"，全国掀起了"大炼钢铁"运动。

孙家栋归心似箭，他渴望早日参加年轻共和国的建设。

到总体设计部报到的第二天，中午，孙家栋和同事去食堂打饭，在小四合院走廊里，迎面走来一位四十来岁的中年人，个子不高，宽脸庞，前额发亮，他微微蹙着双眉，像是在思考问题。

同事问他："知道刚才走过去的是谁吗？"

孙家栋摇了摇头。

"钱院长啊！"

"哪个钱院长？"

"钱学森院长啊！"

孙家栋收住脚步，急忙回头张望，嘴里轻声说着："钱院长……他就是钱学森院长……"

在苏联学习时，孙家栋他们留学生听说钱学森回国的消息，兴奋异常，学航空专业的谁不知道钱学森的声名。没想到，今天竟与钱院长擦肩而过。

孙家栋埋怨道："你怎么不早说呀，太遗憾了，刚才没能打声招呼。"

同事笑道："以后经常可以见面的。"

几天后，室主任让孙家栋给钱学森送份图纸。

到了钱学森办公室门口，孙家栋声音洪亮地喊道："报告！"

办公桌后的钱学森抬起头，应道："进来！"

孙家栋将图纸递上，"钱院长，这是室主任让送给您的。"

钱学森打量着眼前这个小伙子，185的个头，身板笔直，留着个寸头，标准的军人形象。他问："你是孙家栋吧？"

"是的，院长。"

钱学森微笑着说："听说你在苏联学得不错啊，都获'斯大林奖章'了！"

孙家栋有点儿不好意思地笑了，一笑，眼睛有些眯缝。

"好啊，新中国的导弹事业刚刚起步，需要你们这些年轻人啊！知道自己的任务了吗？"

孙家栋点了点头，"室主任布置了。"

蓦地，钱学森神色变得有些严峻起来，说："你们正年轻，又经过专业学习，干我们这一行的，要有一种献身精神。我们将面临着难以预测的困难和险阻，我们必须用百倍的信心和勇气，攻坚克难，去完成党和人民交给我们的重托！"

孙家栋抑制不住内心的激动，双腿一并，大声回答道："首长，坚决完成任务！"

钱学森突然发现，孙家栋的双眼虽然有些眯缝，但一旦睁开，便闪闪发亮，敏捷而犀利。

钱学森记住了这个喜欢眯缝着眼的年轻人……

第二章

艰难岁月

让我们将镜头向历史纵深处推去——

战火的硝烟刚刚褪去,新中国来不及医治战争的创伤,来不及发展国民经济,朝鲜战争爆发了。帝国主义把战火烧到家门口,为了保家卫国,中国不得不出兵朝鲜。这场双方军事实力悬殊的战争,让毛泽东心力交瘁。当时,美军一个步兵师装备的轻重坦克达140辆,70毫米火炮320门,是我军的10倍以上。我军一个军、一个师都难以围歼美军一个营。上甘岭战役中,上甘岭高地上每一平方米的土地要承受美军240发榴弹炮的轰击。装备如此之差的中国人民志愿军与武装到牙齿的帝国主义军队交战,志愿军没有空中掩护,没有火炮支援,后方的补给线被敌机炸得稀巴烂。上百万的中国人民志愿军,用热血和生命与敌人展开了惊天动地的殊死决战,虽取得了战争的胜利,却付出了惨重的代价。

朝鲜战争给我们上了刻骨铭心的一课:一个主权国家必须拥有最先进的国防科技,必须要用最新最强大的武器来装备军队。

1955年1月15日,毛泽东在中央书记处会议上指出:"我们比过去强,以后还要比现在强,我们不仅要有更多的飞机、大炮,还要有导弹、原子弹,在今天这个世界上,我们要不受别人欺辱就不能没有这个东西。"

谁都明白,想拥有最先进的国防科技,最缺的是人才。

新中国成立的消息传到了海外,一批在欧美工作或留学的中国人,他们有的是声名鹊起的科学家,有的是学业优异的留学生,他们掌握了先进的知识,融入了国外现代的生活方式,但始终没有忘记魂牵梦萦的故国。此时,如同听到母亲的召唤,他们激动不已,毅然决然地回到祖国怀抱。这其中,钱学森是他们最杰出的代表!

1955年10月8日清晨,克利夫兰总统号游轮驶抵香港。

11时25分,钱学森一家在罗湖口岸第一眼看见高高飘扬的五星红旗,激动万分。他在回忆录中写道:"那是我们的国旗,那样明亮,在阳光下闪耀着。霎时,我们全都屏住呼吸注视着,眼中涌出了热泪。我们过了一座小桥,终于踏上国土,回到我们值得骄傲的国家,有着5000多年文明的国家!"

历尽艰辛,钱学森终于踏上了魂牵梦萦的祖国大地。

钱学森生于1911年,1934年毕业于上海交通大学,随后赴美留学，师从著名空气动力学教授冯·卡门，成为其最得意的学生和最得力的助手。三年苦读深研，钱学森发表了博士论文《可压缩流体运动和反作用推进问题》。他与冯·卡门共同完成的《可压缩流体的二维亚声速流动》，建立了"卡门—钱近似"公式，成了世界航空界的传世经典之作。钱学森被学院聘任为助理研究员，从冯·卡门的学生，变成他的同事。紧接着，他又发表了《球壳外压屈曲》《柱壳轴压屈曲》等论文，对于高速飞机、火箭壳体的工程设计都具有重要的理论和现实意义。钱学森光彩夺目的研究成果，以其独到的见解和原创性的贡献，奠定了他在航空技术工程理论界的地位，成为世界著名空气动力学家，在世界科技史上镌刻下为数不多的中国人的名字。

1949年10月，钱学森难掩兴奋地对妻子蒋英说："新中国已经成立了，我们该回去了。"他加快完成手头几项尚未了结的研究项目，并向加州理工学院提出辞呈。

1950年8月，钱学森刚预订了一家人飞往香港的机票，联邦调查局探员便找上门来，告知政府禁止他离开美国。美国海关同时扣留了他的全部行李，荒唐的理由是行李中夹带有涉及美国安全的机密文件。之后，美国司法部将钱学森拘禁在移民局一个拘留非法移民的小岛上。冯·卡门和加州理工学院筹集了一笔保释金，移民局才将钱学森释放。说是释放，实为软禁。

美国军方将钱学森看作"最优秀的火箭专家"，美国海军部副部长金布尔甚至恶狠狠地说:"我宁可枪毙了他也不愿让他离开美国!在任何地方他都顶得上5个海军陆战师。"

钱学森识破了美国当局故意在消耗他生命、泯灭他才华的伎俩,重新将重心放在了研究上,1953年,钱学森的新著《工程控制论》出版,引起世界科技界的广泛反响,被称为工程控制理论的重要奠基石,为自动化科学技术的发展指明了方向。

1955年6月,钱学森意外获得一份《人民画报》。画报刊登了毛泽东等党和国家领导人庆祝五一国际劳动节在天安门城楼检阅游行队伍的照片,钱学森发现照片中有他父亲的师辈陈叔通先生。他与蒋英商议,陈叔老一定是国家领导人,应设法与他取得联系,请求营救他们一家回国。他在给陈叔老的信中写道:"被美政府拘留,今已五年,无一日、一时、一刻,不思归国参加伟大的建设高潮。""学森这几年中唯以在可能范围内努力思考学问,以备他日归国之用。"

蒋英带着孩子悄悄去了一家黑人开的小超市,将钱学森写给陈叔通的信,夹在给比利时的妹妹蒋华的家书中,投进邮筒里,躲过特务的检查。7月,时任全国人大副委员长的陈叔通接到钱学森父亲转来的求助信,立即转交给了周恩来总理,周恩来批转给外交部,并指示在中美大使级会谈中向美国提出严正交涉。

在中国政府的强烈要求和多方营救下,1955年8月,美方不得不允许钱学森离开美国。

临行前，钱学森偕夫人来向恩师冯·卡门辞别。冯·卡门取出自己的一张照片，用德文写上"希望我们不久再见面"送给钱学森留念，他说："我为你骄傲，你现在在学术上已经超过了我！"听到老师的夸奖，钱学森十分激动，他觉得自己代表的是中国人，得到这样的评价，"为中国人争气了"。

　　10月5日，游轮至马尼拉港，一群记者涌向甲板采访钱学森。

　　一名美联社记者直截了当地问："钱博士，你到底是不是共产党？"

　　钱学森笑了："共产党员是具有人类崇高理想的人，我还没有资格做一名共产党员哩！"

　　当地一名女华侨教师问："钱先生，您有这么高的地位，可以享受优厚的生活，为什么还要回到贫困的中国去？"

　　钱学森说："我想为仍然困苦贫穷的中国人民服务，我想帮助在战争中被破坏的祖国重建，我相信我能帮助我的祖国。"

　　11月5日，陈毅副总理代表周恩来总理，在北京饭店宴请钱学森夫妇，他爽朗又幽默地说："国家让大清帝国的辫子、民国的黄包车拖得太久了，让西洋的鸦片、东洋的铁蹄、八国联军的刀枪蹂躏得太苦了。比起你居住了二十载的美国，我们大大地落后了！"

　　钱学森十分感慨："我回国后这个月在北京看了看，新中国刚刚建立五年，却是日新月异，成就巨大啊！"

　　陈毅直率地说："现在国家解放了，要进行大规模的社会主义建设了。所以，我们千方百计地把你们这些科学家请回国来，目的就是打一个现代化的翻身仗！"

11月下旬，周恩来安排钱学森去东北参观考察和讲学。

中国人民解放军副总参谋长兼哈尔滨军事工程学院院长陈赓大将，专程赶到哈尔滨接待钱学森。他握着钱学森的手久久不放，连声说："久仰，久仰，钱博士！"他亲自陪同钱学森参观哈军工。

在参观炮兵工程系时，陈赓憋不住了，坦率地问钱学森："钱博士，你看我们中国人能不能自己搞火箭、导弹？"

钱学森想都没想，回答得很干脆："为什么不能搞！外国人能搞，我们中国人就不能搞？难道中国人比外国人矮一截？"

陈赓听到钱学森这话，先是一惊，紧接着满脸兴奋，他握住钱学森的手，大声说："好极了，就要你这句话！"

钱学森晚年曾深情地回忆说："我回国搞导弹，第一个跟我说这事的是陈赓大将。"

1956年初，钱学森应邀出席全国政协二届二次会议。

2月1日，毛泽东主席在怀仁堂设宴招待全体委员。走进宴会厅，钱学森发现没有自己的座签，正在疑惑时，服务员引导他来到主桌，毛泽东特意安排钱学森坐在自己身旁。

席间，毛泽东和钱学森亲切交谈：

"学森同志你来了，好啊，我有很多问题要和你探讨啊！"

"假如不是美国当局的无理阻挠，我早就回到了祖国的怀抱！"

毛泽东笑着说:"美国人说你值5个师,他们能不阻挠你吗?我看,对我们来说,你比5个师的力量大多啦!"

"主席,要不是您和一大批革命家这么快地建立起中华人民共和国,恐怕我今天还在流落他乡。"钱学森有些激动。

毛泽东又问:"学森同志,从现在起,我们抓紧时间,埋头苦干,争取在第三个五年计划末期,使我国在原子能、火箭等最急需的科学技术领域接近世界先进水平,能不能做到?"

钱学森极有信心地说:"只要计划周密,工作努力,是可以实现的。"

周恩来总理专门嘱咐副总理聂荣臻元帅:"你要好好地对他,他也不容易呀!能回来得冒多大的风险呀,科学家是我们国家的精华,他就是科学家杰出的代表。"

半个月后,钱学森起草的《建立我国国防航空工业意见书》上报国务院。

让中国的火箭、卫星尽快地起飞,钱学森的使命沉重且艰巨。

1956年10月8日,中国航天事业的纪元年。这一天,中国的第一个导弹研究机构——国防部第五研究院成立。45岁的钱学森担任首任院长。原第二野战军15军政委谷景生少将任政委。

历史有时就带着某种巧合——这一天正好是钱学森回国一周年的日子。一年前,钱学森乘船离开美国时,加州理工学院院长杜布里奇曾意味深长地说:"他回国绝不会去种苹果树的。"

杜布里奇先生言中了，中国不缺少种苹果树的，钱学森要干的是一件比种苹果树重要得多的事情：造导弹！

1957年3月，为了加强领导、减少层次，中央军委决定将国防部五局与五院合并，钱学森任院长，谷景生任政委，王诤、刘秉彦任副院长。将五院纳入部队编制，五院按兵团、下属分院按军级行使职权，代号中国人民解放军0038部队。

早春时节，阳光温暖，杨柳吐绿。

一天，聂荣臻率领钱学森、任新民、屠守锷、梁守槃、庄逢甘等一分院的几位专家，及其部属陈赓、安东、谷景生等将军，乘车穿过北京市区，直驶城南，为一分院选址。

新中国成立后，聂荣臻任人民革命军事委员会副总参谋长，后代理总参谋长。1954年，任中央人民政府人民革命军事委员会副主席，主管军工生产和军队的装备工作。在周恩来的领导下，从制定和实施12年科学技术发展规划开始，组织了中国的科技队伍。

1956年底，聂荣臻出任国务院副总理，分管自然科学和国防工业、国防科技工作。这位身经百战、为新中国的成立立下赫赫战功的元帅，又带病出征，扛起了中国科技大军的帅旗。

在一块小山坡上，众人登高一览，方圆数百里南苑尽收眼底。这里原为皇家狩猎场，军阀混战时期成为兵家必争之地。

"七七"事变后，发生在南苑地区的"团河保卫战"中，中日两军参战人数近两万人，日军动用大量飞机、大炮、坦克等重武器，双方死伤众多。佟麟阁、赵登禹两位爱国将领血染大地，壮烈殉国。这是抗日战争中最早牺牲的两位将领，也是抗日战争中北平地区牺牲的两位最高军阶军官。

谷景生首先开口："大家看，此处扼京都东南咽喉，是历代兵家安营扎寨之地。南北东西六道营门，虽屡经战火，却依旧岿然不动。聂帅，我看一分院就选这里吧！"

聂荣臻摆摆手，说："景生同志，你先别多嘴，此事要听专家们的意见，由钱院长定。"

谷景生连忙打住。

钱学森收回了目光，有些激动地说："聂帅，我看按谷政委的建议，就定在这里吧——新中国的导弹就从这里起飞！"

"说得好！"聂荣臻朗声道，"好啊，新中国的导弹就从这里起飞！"

11月16日，中央批准成立国防部第五研究院一分院（即现在的中国运载火箭技术研究院），钱学森兼任一分院院长。下设10个研究室：

6室　总体设计室，主任任新民；

7室　空气动力研究室，副主任庄逢甘；

8室　结构研究室，主任屠守锷；

9室　发动机研究室，主任梁守槃；

10室　推进剂研究室，主任李乃暨；

11室　控制系统研究室，副主任梁思礼；
12室　控制元件研究室，副主任朱敬仁；
13室　无线电研究室，副主任冯世璋；
14室　计算机技术室，副主任朱正；
15室　技术物理研究室，副主任吴德雨。
（当时出于保密原因，1至5室是空号）。
1958年8月，五院一分院扎营南苑。
筚路蓝缕，义无反顾；
风雨兼程，奋勇攀登。
斗转星移，我们已经无法亲身感受航天人初创时期的艰难困苦，但当年一些亲历者的回忆为我们留下真实的写照。
中科院院士刘宝镛的回忆：

　　我从北京大学毕业就被分到五院一分院，学的是力学，压根就没有见过导弹、火箭。为了找五院一分院报到，我骑着自行车从早上转悠到下午3点，才找到了南苑机场。五院一分院这么重要的大单位，就在机场停机坪拐角，一座灰扑扑的土墙灰瓦的四合院。院外几十米的河沟，一大片坟地包围了一圈铁丝网。铁丝网缺口有座木板搭起的小哨楼，两边有站岗的士兵。国防部分配部门告诉我一个代号"0681部队"，士兵看了我的介绍信后，朝四合院指了指："去吧，就在院东头那排房子第二间报到。"

我就这样走进五院一分院，成了一名解放军的科技战士，穿上军装，肩上佩戴中尉军衔。那时，五院刚刚搬迁过来，听说这儿千百座坟包里埋的都是国民党29军的抗日英烈。卢沟桥事变时，29军副军长佟麟阁带领两个团的将士就是在这里与日本军一个旅团血战了三天三夜。我们住进的这座小院就是驻守南苑的29军33团的营房，后来被日本占领又作为兵营。五院一分院成立后，军委下令空军把这座小院连同机库5平方公里的地方划拨给了一分院。院后小河沟的水长满青苔，夏天蚊子咬得人不敢钻出蚊帐，把头埋在被单里。冬天屋里土渣墙上结了一层冰凌，一生炉子黑烟全堵屋里，鼻孔里全是黑稠稠的。不过那时候的人，好像没现在这么娇气，生就的'贱皮子'，任凭烟熏蚊咬，依然坐如钟、立如松，照样描图、绘图、摇计算机、打算盘、报数字、量三角、比几何、搬弄模型和金属片。住在对面的将军政委也常常和咱们一起忙活着。咱院的谷景生政委就是一个娃娃头。不然1935年他能领着北京的大学生，举起"一·二九"学生运动的大旗吗？咱们那时的生活虽苦心里乐，人又年轻，肩上压着导弹，心里装着科学强国的理想，什么苦呀难呀全不在话下，只要导弹、火箭能飞起来能炸响，那就是我们的一切。

1956年9月从部队调到五院的李文梓、李伟回忆：

来之前只听说过"炮弹"，从没听说过"导弹"，是钱院长给我们讲课，一手把我们带出来的。当时，我们听过钱院长好几次课，大课是在466医院的食堂里，坐在长条凳上听的；小课是在医院小会议室里听的。记得墙上还挂着一块小黑板，钱院长和其他专家的讲课持续了3个月。1956年年底，苏联援助的两枚P—1教学弹运到了北京，这是我们第一次见到导弹实物。我们从外看到里，从头摸到脚。当时没有图纸，大家就根据钱院长讲课的知识，按图索骥来认识导弹。原来觉得洲际导弹特别神秘，听了钱院长的课后茅塞顿开，原来是大导弹顶着中导弹再顶着小导弹，一级一级地飞，直到击中目标。我们在工作实践中慢慢学习，很快就能自己动手整理资料、绘制图纸，1960年，我们终于成功发射了"争气弹"。

隆冬时节，在一分院老干办，我采访了几位孙家栋当年的战友和同事，他们是一分院总体设计部原工会主席李法瑞、总体设计部三室原研究员陆友人、总体设计部原副主任李国范、总体设计部十室高级工程师刘凤越。当年风华正茂，为共和国航天事业初创作出贡献的老航天人，如今皆已两鬓斑白,满脸风霜。然而,聊起昔日的峥嵘岁月,他们又都两眼发光,精神焕发。

陆友人是江苏无锡人,1952年高中毕业时,父母希望他学医,将来当一名医生。但他受抗美援朝的影响,很想为新中国空军的发展助力,便报了北航航空工程系,考取后学了5年的飞机设计专业。1957年毕业,被分到五院。干的第一件工作是仿制苏联的"P—1"导弹。陆友人说:"和飞机相比,导弹的结构相对要简单一些。通过拆卸、组装苏联的'P—1'导弹,很快将结构和原理弄明白了。但当时最困难的一是很多特殊材料国内别说没见过,连听说都没听说过。没有材料,巧媳妇难为无米之炊,谈何制作?二是很多工艺根本达不到,即便有了材料,工艺达不到也不行。那几年,总体部的技术人员满中国去找适合的材料和能工巧匠……"

李国范是黑龙江巴彦县人,1958年从哈尔滨航空工业学校毕业后,先是被分配到沈阳北陵航空制造公司总装车间,赶上五院成立,又被改分到一分院总体部的气动组。李国范说:"当时孙家栋也在一室,小伙子不显山不露水,对同事非常热情,好接触。他是留苏回来的,还是个尖子生,底子比我们厚多了。但自己学习抓得很紧,经常在办公室加班,有时还帮我们这些中专生补习功课。我们遇到什么难题也愿意先去请教他,他总是非常耐心地帮助解答。当时大家私底下就很佩服他,一起干活非常愉快。现在他成了共和国功勋人物,我们这些'老航天'心服口服,为他高兴。"

刘凤越是大连旅顺口人，1958年从大连军委俄语专科学校毕业，被分配到一分院给苏联专家当翻译。刘凤越说："我给苏联专家科兹洛夫当翻译，他才28岁，是苏联导弹总装厂的工程师。专家们比较客气，但他们好像都商量好了，光回答'P—1'导弹的问题。问他们其他问题，特别是有些设计方面的问题，或是支支吾吾，或是根本不回答。我当时23岁，刚毕业不久，不懂导弹技术，但翻译时导弹专门术语特别多，我特别发憷。孙家栋专业好，俄语也好，我遇到有什么不明白的，经常向他请教，他会耐心地给我讲解。如果他一时也不清楚，会说'我查查资料再告诉你'。专家撤走以后，部里把我分到综合测试组搞技术了。"

李法瑞是河南济源人。1950年父亲在空军六航校当警卫营长，全家随军到了北京。当时六航校驻地就在南苑，家也在南苑，李法瑞说自己从小是在南苑长大的。受父亲影响，1957年高中毕业后，他考取北京航空学院，学了两年导弹控制，又学了三年自动化控制。1962年毕业后被分配到一分院总体部一室，一室又称导弹初步设计室，孙家栋是主任。李法瑞说："到了室里后，听说孙家栋在苏联学习时得过'斯大林奖章'，特别佩服。孙家栋平时不大吭声，做事认真、稳当，能力特别强。我们这些年轻人都非常热爱航天事业，人人都有远大的理想，都想为国家争光争气。特别是苏联专家一夜间撤走以后，大家更是憋着一股气。当年条件非常艰苦，冬天没有暖气，夏天没有电风扇，物资供应也很紧张。我记得晚上加班到10点以后，食堂会给大家做点夜宵。说是夜宵，其实就是酱油汤里加几片菜叶，再加几根面条。但大家精神饱满，朝气蓬勃，毫无怨言，一门心思搞科研。而且，还特别注重学习，钱院长和几位留学回国的专家，亲自为大家讲课，每天晚上大家都自觉到办公室看书学习，探讨问题……"

老航天人们你一言我一语地讲起了当年"科技肉""科技鱼"的故事——

1959年至1961年，共和国遭遇了"三年困难时期"。

全国人民都在挨饿，科研人员也不例外。当时的食品定量人称"2611"，即每月定量26斤粮食（其中30%是黑面杂粮），1两食油，1两肉。许多人出现了浮肿、色盲。有人工作时在图版前画着图，一下子就晕倒了。大伙只能用糖精或食盐兑开水喂他，让他缓过气来。为了赶进度，加班加点成了常态，办公室的灯光通宵达旦地亮着。

正在病中的聂荣臻听说后，万般焦虑。他犹豫再三，还是给周恩来汇报了情况。

周恩来关切地问："我也听说了这些情况，你有什么好办法吗？"

聂荣臻沉默了片刻，说："总理，我想以个人的名义，向各大军区和海军募点儿捐。"

"你是说募捐？"

"对，募点儿捐。让他们支持一点儿猪肉、黄豆、鱼啊、海带之类的东西，多少能救点急！"

周恩来表示赞同。

聂荣臻刚放下电话，陈毅来病房探视，听说科学家挨饿的事，马上说："此事我举双手赞成，聂老总。华东那边我给包了，就是我们不吃不喝，也要保障科学家们最起码的生活条件。"

陈毅掏出笔立马给南京军区的许世友、福州军区的皮定均写信。走时，他又甩了句："老子就是当了裤子，也要把导弹、原子弹搞出来。"

不到10天，海军、北京、广州、南京、沈阳、福州、济南军区都慷慨解囊，按最低价还打对折给五院划拨了一批猪肉、羊肉、黄豆、海鱼、海带、花生油、菜油及各种水果。

一批又一批物资运送到北京，如何分配？聂荣臻对有关人员严肃地说："你们不是光分配食物，这可是一项有力的政治思想工作。你们要把这些支援来的食物，以中央和军委的名义，全部分配给每位专家和技术人员。领导、行政后勤等机关工作人员一律不分，包括你们自己，一斤一两都不能分。"末了，聂荣臻还有些不放心，又补充了一句，"到时候我会派人下去检查的。"

那天，在一院大楼前，几百名科技人员排着队，领取专门供应给他们的"科技肉""科技鱼"。

一位女技术员领到食品后，看着看着，忽然禁不住"哇——"的一声哭了起来，她这一哭，大家跟着热泪盈眶。

人群中，屠守锷拿起一条鱼，激动地说："同志们，主席、总理都喝白菜汤,却给我们送来了鱼肉水果,我们就是拼了命也要搞出导弹来!"

那年,孙家栋刚刚结婚,妻子魏素萍也刚从哈尔滨调来北京。他端着一只脸盆,里面是一条鱼、一块肉,还有两颗白菜。听同事们你一语我一言地说着,久久不愿离去。后来,孙家栋在回忆这个历史细节时说:"那岂止是一条鱼、一块肉、几颗白菜?它体现出的是国家和人民对科技工作者的关怀啊。珍贵的鱼、肉和白菜,到了我们这儿,变成了巨大的精神力量!"

几天后,聂荣臻果然派秘书下去调查,刘有光政委拍着胸脯说:"要是我们的领导干部分了一粒黄豆、一两肉,查出来就开除我的党籍。"

钱学森当时明确表示:"我也是领导干部,我也不能分。"

但是聂荣臻专门交代,给钱学森家留半爿猪肉,让他补补身体。当时钱家没有冰箱,炊事员悄悄将半爿猪肉的"指标"存在食堂里。有次看到钱学森工作十分疲劳,炊事员便去食堂取一块肉,做一碗红烧肉。谁知平时和颜悦色的钱学森见到桌上的红烧肉,一下子动怒了:"现在连毛主席、周总理都不吃肉了,你们怎么还给我做红烧肉!"炊事员见他真生气了,只好将肉送给大食堂。

共和国在饥荒之年,没有忘记艰难地奋战在国防科研第一线的科技人员。时至今日,航天人提起当年的"科技肉""科技鱼",心里依然热乎乎的……

历史的细节,往往带着温度和情感……

中国导弹研制最初是从仿制苏联卖给中国的两发"P—2"地地型近程导弹开始的。

1956年12月,苏联援助的两发"P—1"导弹运到中国。钱学森见到"P—1"导弹,不由得愣了一下,心想:这不过是"二战"中德国人研制的"V—2"火箭的翻版,十几年前,他参加美国国防部科学咨询团到德国考察时就见过。"老大哥"太小气了,给亲弟弟的不是最好的装备。

两发"P—1"导弹,一发用于观摩、教学的解剖弹;另一发是完整的,可供拆装、可以加注推进剂进行点火发射的导弹,还可以用于开展"反设计"。

"反设计?"大家不明白什么叫"反设计"。

钱学森告诉年轻人:"大家都是第一次见到导弹,我们手头还没有导弹的图纸和资料,但现在我们毕竟有了实物,可以按专业组把弹体、发动机,直到每一个螺丝钉、垫圈都小心地拆卸下来,仔细研究作好记号后再分别去测量,最后我们自己动手绘制图纸。这就是'反设计',同时,也是我们锻炼队伍最简单且最好的方法。"

在导弹总设计师室主任任新民的精心组织下,操作人员小心谨慎、有条不紊地把一发完整的导弹拆卸成部段、部组建和零配件。导弹的重要部位和仪器由机械师试拆,简单部分由拆装人员轮流干,整个拆卸、分解工作用了10天。

紧接着,由各研究室按专业对有关部组件、零配件进行测绘、测试。总设计师在拆卸现场对大部段进行测绘,并对全弹和大部段绘制草图；全套发动机交给发动机室进一步拆卸，然后进行测绘；控制系统研究室和无线电技术研究室分别将各自专业的仪器、仪表、器件和电缆网等进行测试和测绘。

经过半年紧张而有序的工作，拆卸、测试、测绘和材料分析化验工作全部完成。尔后又用 10 天时间，再把大卸八块的导弹恢复原样。经过仔细检查，零部件一个不缺，螺丝、螺帽也一个不少。除了多出来 4 只垫圈和一根 2 米多长的细空气导管因调整形状时断裂，其他零部件均"毫发无损"。

钱学森望着架台上那枚组装完整、油光锃亮的"P—1"导弹时，脸上露出了满意的笑容。

两发"P—1"导弹是中国航天人最早的启蒙"老师"。

1957 年 12 月 24 日，两发"P—2"导弹从苏联秘密运抵北京长辛店。

彭德怀元帅赶到现场，亲手解开了系在"p—2"导弹上的红绸带，他对在场的科研人员和官兵们说："这是苏联老大哥过继给我们的'儿子'，祖国把它托付给你们了，你们可要把它当作亲生儿子看待呀！"

经钱学森、任新民鉴定，此型导弹虽然比"P—1"导弹先进了一些，但还是苏联淘汰的旧型地地导弹，此前的 1957 年 8 月 21 日，苏联已经成功发射了世界上第一枚洲际导弹——射程 8000 公里的"P—7"导弹。但就是这么一枚旧型导弹，加上测试、发射、运输和加注等地面设备，"老大哥"还开出了 750 万卢布的天价。

明知道不是最好的,但还得花宝贵的外汇买人家的,因为我们自己没有。

作为工程总体设计员,孙家栋立即投入这个充满活力的集体中,开始图纸描红,原理研究,仿制、消化、吸收、反设计、改造、创新的紧张、繁忙的工作之中。

聂荣臻元帅把仿制形象地比喻为"爬楼梯",通过仿制将导弹技术研究透,为以后的自行研制奠定基础。钱学森则把"反设计"看成是练兵运动,我们暂时还没有能力生产自己的导弹,但可以先用别人的导弹练练手。

不久,国防部决定将我国仿制苏制"P—2"导弹的代号定为"1059"(后成为东风二号),中央要求第一批导弹于1959年10月完成总装出厂,争取国庆10周年前试射成功。

苏联运来一堆"P—2"资料和图纸。一分院立即组织技术人员投入紧张的翻译工作,翻译出来后再进行归类,有关总体技术指标和总体技术数据还要进行验算。当时正值盛夏,酷热难忍,加上蚊虫叮咬,有些人不得不赤膊钻进蚊帐里工作。

孙家栋站在"p—2"导弹旁,左看看,右看看,十分兴奋,说:"哎呀,什么时候,咱们也能造出这家伙!"

他在苏联学习了近七年,积累了扎实的基础理论知识,干起活儿来得心应手。特别是他的俄语水平非常高,"P—2"资料里有许多专业性很强的词语,遇到难点,同事们便去找他,他都能给予准确的回答。他做事情认真卖力,会动脑筋,于是,很快就崭露头角。

8月底,苏联导弹专家陆续进驻,具体指导导弹仿制工作。出乎他们的意料,中方进展会这么快。

孙家栋第一次与专家对话,专家打量着他,惊奇地问:"小伙子,你从小在莫斯科长大的吗?"

孙家栋不知其解,"我在莫斯科留过学。"

专家大声称赞:"你的俄语说得太好了,小伙子,我还以为你从小生活在莫斯科呢。"

当时工作条件十分艰苦,连手摇计算机都很稀罕。技术人员用简单的工具计算、设计,连算盘都用上了。

苏联专家第一次看见算盘,好奇地问孙家栋:"这是什么东西?"

"这叫算盘。"

苏联专家问算盘有什么用途。

孙家栋说算盘可以用来计算。

苏联专家拿起算盘拨拉拨拉珠子,疑惑地问:"靠这些珠子怎么计算?"

孙家栋解释这是我国古代传下来的一种计算工具,加减乘除都可以,可苏联专家还是一脸狐疑。他反问孙家栋:"你在茹科夫斯基学院用过这种计算工具吗?"

孙家栋眯着眼睛笑了,大家都笑了。

苏联专家非常喜欢热情、开朗又稳重的孙家栋,特别是他那一口纯正的俄语,似有一种他乡遇故知的感觉。

一天闲时,专家组长杜德科夫与孙家栋开玩笑:"孙,有个问题我一直想不明白,你这么帅气的小伙子,在苏联学习那么些年,怎么会没有苏联姑娘看上你?"

孙家栋被问了个面红耳赤,只好说:"这方面我们有纪律。"

杜德科夫不解:"年轻人谈恋爱还有什么纪律?"

孙家栋支支吾吾:"……是有纪律的……"

杜德科夫又问:"小伙子,会唱苏联歌曲吗?"

"会啊!"

"会唱什么歌曲?《喀秋莎》《莫斯科郊外》还是《共青团员之歌》?"

几位苏联专家也围了过来,一起唱起了《共青团之歌》:

> 听吧,战斗的号角发出警报
> 万众一心,奔向前方
> 我们再见啦,亲爱的妈妈
> 请你吻别你的儿子吧
> 再见了妈妈
> 别伤心,别难过
> 请你祝福你的孩子吧
> ……

激情在燃烧,歌声在回荡……

在茹科夫斯基空军工程学院学习的日子,在孙家栋眼前浮现——

从战争废墟中站立起来的中华人民共和国，满目疮痍，百废待兴。国民经济亟待恢复，工业体系亟需重建，各行各业期待复苏。当时最缺的是人才！

1950年毛泽东出访苏联，中、苏两国签订了《中苏友好同盟互助条约》。中国迅速掀起了全面向苏联"老大哥"学习的高潮，"以苏为首、以俄为师"成为年轻共和国的奋斗目标。中国决定向苏联派遣大规模的留学生。

1951年，空军司令员刘亚楼要求从空军部队和院校中，挑选一批青年军官赴苏联军事学院深造。经过多轮考核，层层审批，当时正在空军四航校给苏联航空专家当翻译的孙家栋等23人，成为赴苏联茹科夫斯基空军工程学院学习的留学生。

初秋，孙家栋与战友们踏上了北去的列车。

列车一路向北，途经沈阳、长春，从满洲里出境。在边境小城赤塔，经过苏联边防海关检查后，列车穿过茂密的大森林，沿着美丽的贝加尔湖行驶了整整一个白天。太阳落山后，列车又奔驰在辽阔的西伯利亚大漠上。

漫长的旅途中，孙家栋和战友们畅谈理想，憧憬未来，指点江山，壮怀激烈。

心仪已久的莫斯科到了。莫斯科是一座历经沧桑、辉煌壮丽的英雄城市。高楼林立，街道宽阔，交通发达。火车可以在地下飞驰，上下三层的红场地铁站简直如同一个迷宫。市里有近百所博物馆，11个自然林区，400多座街心公园。每座公园里，都有一尊伟人或名人的雕塑。

茹科夫斯基空军工程学院,是以被誉为"俄罗斯航空之父"的尼古拉·叶戈洛维奇·茹科夫斯基的名字命名的。这所苏联功勋卓著的军事学府,为苏军培养出了众多优秀的技术干部和高级将领。

孙家栋和中国留学生入学后,苏方为他们安排了最好的教官,制定了适合中国学生基础的学习计划。为了提高他们的语言能力,巩固基础知识,学院决定让他们先读一年预科,再进行5年本科学习。学院组织了一次考试,然后按照学员文化基础的高低,将23人划分为A、B、C三个班级,孙家栋被编入A班。

首先要过的是俄语关。

孙家栋他们这批学员在国内都学过俄语,但万万没想到,一上课,教官讲课内容基本听不懂,云里雾里;与教官交流,教官也听不懂学员所要表达的意思。学员们这才发现过去在国内学的俄语,基本都是"半桶水"。唯独孙家栋因为到航校后给苏联教官当了一年翻译,语言算是基本过"关"了。

过不了语言"关",接下去的专业课学习便将成为空谈。留学生党支部决定掀起一个学习俄语的"小高潮"。要说刻苦,还真刻苦不过中国学员。每天清晨,起床号还没吹响,中国学员已经在桦树林里背诵俄语单词了;每天夜晚,熄灯后很长时间,还有中国学员在列宁室里夜读。

苏联教官在课堂上对中国学员说:"同学们,提高俄语水平一种最立竿见影的方法,是多与苏联人接触,如果能与苏联女孩谈恋爱,那就更'哈拉绍'(俄语'好'的意思)了!"当时,学院里还有一些东欧国家的留学生,他们管理松懈,有夜不归宿者,也有与苏联女孩谈恋爱的。党支部作出严格的规定:平时不得外出,节假日外出,必须三人以上同行。严禁与苏联女孩子接触,一旦发现谁谈恋爱,立即送回国内,没人敢触"高压线"。中国学员的刻苦学习精神、严格自律,经常受到院方的表扬。

学员们转入本科学习后,课程变得非常繁重,仅飞机设计、维修及管理专业的基础课就有发动机理论、飞行动力学、空气动力学、飞机结构力学、液体火箭发动机原理、流体力学、热力学等。孙家栋把全部的精力都集中在学习上,白天上课,晚上做作业,预习第二天的功课。列宁室里的灯常常亮到凌晨一两点。课堂上,孙家栋也是回答教官提问最踊跃的学生之一。

学院经常组织考试,每逢大考,学院还会组成考试委员会。大三《航空发动机》理论课考试,主考官是苏联赫赫有名的科学院院士涅卡也夫。涅卡也夫采取一人一题的方式抽查考试,轮到孙家栋上场时,涅卡也夫交给他的是一道"航空发动机静态下主要性能的推导"的考题。孙家栋看了题目一愣,这道题的内容大三学生还没有学到,他本来可以说明情况,要求主考官换题。但孙家栋没有慌张,因为平时喜欢读书,已经胸有成竹,便侃侃而谈,做了正确的回答。一旁的教官们一开始就发觉院士拿错题了,但听了孙家栋正确的回答,十分欣喜。而此时,涅卡也夫也意识到自己的失误,他抱歉地说:"请大家原谅我的疏忽。不过,这是个美丽的疏忽。通过这次考试,我对孙家栋同学和所有的中国留学生表示钦佩!"

留学期间,孙家栋加入了中国共产党,被授予中国人民解放军中尉军衔,而亲自为他授衔的是随朱德总司令赴苏联访问的聂荣臻元帅。

茹科夫斯基空军工程学院有一个激励学生的传统做法,将每学年年终考试全优的学生照片放在校门口的"明星榜"上,如果这名考生年年都能保持全优,他的照片会一年年往前挪,照片还会一年比一年大。如果从大一能坚持到毕业,该生便会获得一枚金质"斯大林奖章"。

从入学至毕业的 7 年里,孙家栋门门功课都是 5 分。1958 年 3 月 10 日毕业时,孙家栋获得了最高苏维埃颁发的"斯大林奖章",那一年,全苏联军队院校毕业获得此殊荣的仅有 13 名学生。如果是苏联学生获得"斯大林奖章",不仅可以高定一级军衔,还可以优先选择自己心仪的工作。孙家栋是留学生,自然无法享受这种待遇。但这是人生的第一个大奖,让孙家栋获得了一种精神的启迪:只要肯付出,便会有收获。

1957 年 11 月 17 日,雪后初霁。

毛泽东率领中国代表团赴莫斯科参加苏联十月革命胜利 40 周年庆典活动,百忙之中,接见了中国留苏学生。

孙家栋特意换了一身新军装,将皮鞋擦得又黑又亮。他与战友们换了几次地铁,兴奋地赶到莫斯科大学大礼堂。

下午 6 时许，毛主席在热烈的掌声和口号声中登上了主席台，紧随他的是国务院副总理兼国防部长彭德怀、中共中央书记处总书记邓小平、国务院副总理乌兰夫以及杨尚昆、胡乔木等。

毛主席向大家挥手致意，等台下的欢呼声渐渐平息后，中国驻苏联大使刘晓向大家介绍了陪同前来的党和国家领导人。

刘晓刚介绍完，毛主席立刻幽默地说："这位是中华人民共和国代表团团员、驻苏大使刘晓同志。"

台下一片笑声。

毛主席走到台前，微笑地说："同志们！我向你们问好！"台下爆发出热烈的掌声。

"世界是你们的，也是我们的，但是归根到底是你们的！"毛主席发现有些同学听不懂他的湖南话"世界"一词，便解释说，"世界就是 WORLD。"但留苏学生大多数没学过英语，仍然听不懂。毛主席转头问刘晓："'世界'俄语怎么说？"

刘晓回答："'米尔'。"

毛主席马上说："'米尔'是你们的，也是我们的，但是归根到底是你们的。你们青年人朝气蓬勃，正在兴旺时期，好像早晨八九点钟的太阳，希望寄托在你们的身上！"

全场又响起一阵雷鸣般的掌声。

"我们已经老到这个样子，你们还年轻。我们老，但我们懂世故；你们年轻，有朝气，但你们没有经验。这叫各有各的长处，各有各的缺点。"毛主席的话中充满辩证法。

"苏联人造卫星上了天,重量70公斤。刘晓大使体重有没有70公斤?"毛主席问。

刘晓回答:"不到,差一点儿。"

毛主席风趣地说:"就是说,苏联可以把刘晓大使送上天。美国还做不到嘛!"

台下同学开怀大笑。

孙家栋难以抑制内心的激动,拼命地鼓掌。

毛主席向同学们提出了希望,一是朝气蓬勃,二是谦虚谨慎。毛主席最后强调说:"世界上怕就怕'认真'二字,共产党就最讲认真。"

毛主席纵论天下,旁征博引,幽默风趣,激情洋溢。

10年过去了,"世界是你们的"——毛主席亲切的话语经常在耳旁回响,在鞭策着孙家栋。

与远道而来的苏联专家在一起工作,总体是和谐、愉快的,也学了不少东西。但让孙家栋没有想到的是,一年后,苏联单方面终止了《国防新技术协定》中承诺的所有原定材料、设备和元器件的供应,在一分院工作的苏联专家奉召回国。

那个冬天很冷,寒风凛厉。对于年轻的孙家栋来说,国际政治斗争的复杂性,他还不能充分理解。

漫漫航天路,这才刚刚起步……

第三章

从"1059"到东风二号

1959年3月,梁守槃被任命为"1059"总设计师。

梁守槃1916年出生于福州。梁家为书香门第,1933年他从上海光华大学附中毕业后,考取清华大学机械工程系。1935年,清华大学在机械工程系内设立航空组,梁守槃立即报名到航空组,当时航空组共有10名学员,学习了有关航空动力、飞机结构、发动机等课程。

梁守槃在清华大学读书的四年里,正值日军侵略者气焰嚣张,华北局势动荡、岌岌可危之时。国难当头,梁守槃放下书本,积极投身于"一二·九"和"一二·一六"等示威游行,以实际行动表达自己的爱国抗日热情。

1937年,梁守槃大学毕业,又赶上"七七事变"。梁守槃被分配到航空委员会做绘图员。

梁守槃的父亲梁敬錞毕业于北京大学法科，后入哥伦比亚大学、英国伦敦大学学院学习，此时正在甘肃财政厅厅长任上。梁敬錞学养渊博且见过大世面，他知道儿子现有的学识，尚不能成为国之栋梁，于是鼓励他留洋继续深造。

1938年8月，梁守槃考取美国麻省理工学院研究院读研究生。他系统地学习了与航空工程有关的动力学与控制、空气动力学、材料与结构、飞行器总体设计、飞行器制造工艺及设计等方面的专业知识。美国大学有关工程方面的课程都是领先工业界的，教授会从理论分析出发，推导出符合实验数据的理论公式。例如为了稳定飞行，工厂飞机设计者都设法加大尾翼或增加尾翼的数量，但学校研究的课程，则是考量如何加装自动驾驶仪，对各舵面进行实时控制。教授们鼓励学生注重理论与实际的结合，这些都让梁守槃受益终生。

用了一年时间，梁守槃拿到了硕士学位。此时，一件事深深刺痛了他的心。先他而来的一位学兄，在获得博士学位后，应聘一家电气公司。他带头研制的一件产品通过鉴定，正准备批量生产时，公司却借口压缩员工，将他解聘了。公司将他解聘后，他的科研成果等于白送给公司。梁守槃猛然醒悟，中国人在美国，永远是"二等公民"，不可能受到尊重。

梁守槃无法忍受做"二等公民"的耻辱，毫不犹豫地决定回国！

回国后，梁守槃先执教于浙江大学，1952年调入哈尔滨工程大学空军工程系。1956年又调入国防部五院，担任发动机研究室主任。

仿制谈不上创新,被称为是"照猫画虎"。但"1059"仿制,依然困难重重,遇到了"四大难关":

第一是苏联提供的图纸资料不全。比如,加注设备中涡轮泵的转子和流量计两个重要部件,根本没有图纸;遥测系统只有压力和过载两种传感器,其他传感器均没有资料;总装的工艺资料也不全。

第二是仿制用的很多原材料缺乏,元器件品种规格不全。尤其是发动机需要的几百种不同品种和规格的原材料,技术要求高,国内又没有可以代用的材料。

第三是缺少设备和试验设施。如大型钣金件的成型,是仿制中一个非常突出的关键问题,需要一台大台面、复动式的大吨位水压机。

第四是工厂技术、管理力量薄弱。仅焊接工艺就有手工焊和自动电弧焊、手工及自动氩弧焊、点焊、滚焊、对接焊等多种焊接工艺,有的工艺连听都没听说过。

关键时刻,国防科委动员全国有关工业部门参加大会战。五院还与第一机械工业部共同制定了仿制计划,协调分配了各自的攻关任务。全国直接、间接参加会战的单位多达1400多个,承制工厂60多个,涉及航空、电子、兵器、冶金、化工、建材和轻工等众多领域。

时任控制系统研究室的黄纬禄回忆说:"由于苏联停止了对仿制工作所需材料和元器件的供应,而国内电子元器件和精密仪器仪表、精密设备的研制基础薄弱，无法满足'1059'仿制工作的需要，致使在'1059'控制系统仿制工作中，每当所用的国产材料和元器件出现质量问题或工艺水平不过关时，就会使仿制工作变得极其艰苦，即使有图纸，也常会面临'巧妇难为无米之炊'的尴尬。自行研制的材料和电子元器件，其质量、稳定性、高低温状态下参数的变化，都要经过多次试验，证明确实可用之后，才能非常谨慎地用到'1059'导弹上。由千万个零部件组装而成的'1059'，若其中某个零部件出现问题，都会产生牵一发而动全身的后果，直接影响到发射试验的成败。"

梁守槃抓住契机，带领发动机研究室的科技人员，反复观察分析Ｐ—１解剖弹，并组织有关人员对发动机的工作原理、结构特点等进行研究、讨论，将前一时期的技术理论培训进一步深化，增加了感性认识。当拆卸下来的整套发动机拿回发动机研究室后，他精心组织了进一步的拆卸分解，按部组件指定专人负责，将大大小小的减压器、活门等逐个拆开，进行测绘。在拆卸和测绘中，他要求技术人员知其然并知其所以然，对原理、结构、材料等提出分析研究意见，为日后的仿制和反设计做准备。

制造导弹箱底需要一台大台面、复动式的大吨位水压机，苏联专家做了一些调查后，下结论说："中国没有条件制造导弹箱底工具，赶快向苏联申请订货吧！"这要多大的一笔外汇！总装厂的技术人员与武汉锅炉厂经过几番探讨、研究，提出在武汉锅炉厂的水压机上增加过渡模座的办法来加工。苏联专家以为他们是在开玩笑呢,又是耸肩又是摇头。聂荣臻知道情况后,派陈赓大将到武汉助阵,并告知湖北省委、武汉市委支持,经过精心准备、多次试验,终于试制成功。

  能否使用国产液氧的问题,一直困扰着梁守槃。苏联专家一口认定:"中国液氧质量不行,必须从苏联进口。"但液氧超低温、高挥发性,且易燃、易爆。从苏联进口,即便铁路运来了,一路挥发,也已经所剩无几。五院委托有关部门对兰州化学实业公司生产的液氧进行分析化验,得出的数据与苏联液氧样品比照,其技术指标完全符合要求。梁守槃的态度很明确:"国产的液氧既然符合苏联的技术指标要求,为什么不能用?更何况,从苏联进口根本解决不了运输问题。"钱学森也支持用国产液氧。经过多次计算、商榷、争论,最后,苏联专家才同意用中国生产的液氧作为推进剂。

  苏方的有些规定和要求还常常莫名其妙,让人不知其解。有一次,孙家栋在翻译液氧主活门密封垫圈的资料时,禁不住"扑哧"一声笑了。图纸规定密封垫圈必须用3岁公牛臀部没有鞭伤的皮制作。几位技术员看了也是一脸狐疑,牛皮好找,但要找"3岁公牛臀部没有鞭伤"的牛皮难,你就是去农村问那些养牛的饲养员,他也无法告诉你哪头3岁的公牛臀部没挨过鞭子,更无法确定挨过鞭子是否造成伤害。最后,我们科技人员结合中国实际情况,合理制定新的技术标准,解决了材料的来源问题。

导弹部段生产出来后必须进行结构静力试验，当时专用试验室还在建造中，时间来不及了，屠守锷决定土法上马。那天，他将苏联专家请到一个旧机库里，苏联专家在机库里绕了一圈，皱着眉头说："这里的高度根本不够，做不了！"

屠守锷没有气馁，对孙家栋他们几位年轻技术员说："专家说机库高度不够，大家看看怎么办？"

有人说："看来只能是把房顶揭了，加高房顶，才能达到专家的要求。"

立即有人反对："把房顶揭了加高房顶，差不多等于重新盖机库，时间根本来不及。"

屠守锷眼睛一亮，说："我有主意了，咱们在地上挖个大坑，实际上不就等于增加机库的高度了吗？"

"对！对！这办法好！"大家一致赞同。

技术员画好了图纸，基建工人在地面上挖了个深约5米的正方形"地坑"。在"地坑"的底部，用钢筋混凝土自制了一个大机座，又用钢筋在机座上焊了两只"耳朵"，即加载地耳。然后，将导弹的尾段稳稳固定在机座上。

屠守锷再次邀请苏联专家参观静力试验，走进旧机库时，专家们大吃一惊——原来的旧机库，竟然奇迹般地变成一座简易版强度试验室。土法上马的试验设备，完全符合试验大纲的要求，专家们禁不住连声称赞："'哈拉绍！''哈拉绍！'"

就在这个土法上马的"地坑"上，"1059"的液氧箱、尾段、发动机架等多个部段完成了百余次静力试验。

当年总装厂副厂长冬春后来回忆说：

　　仿制"1059"的时候，有3800多项零部件需要落实、解决。别说是我们这些扛枪杆子出身的门外汉，就是读了大学的专家看了也全傻了眼。工人师傅连同技术员也恐怕有一半叫不出名。好在，我们大家都听过钱学森院长的课，知道导弹的研制是一个系统工程，导弹技术是现代科学技术和基础工业成就的高度结合，它所需要的材料、工艺、技术几乎涉及国民经济的所有生产部门，大到发动机、弹体合金钢，小到一个橡皮垫圈、一个针头、一卷钢丝。所以在我们还未开始拆卸导弹时，国防部五院和一机部就共同制定了仿制计划，签发了任务分配表。将地面机械设备分别安排给了航空、电子、兵器等工业部门仿制，原材料则由冶金、化工、建材、轻工、纺织、商业等部门去试制生产。实际上，到临近成功时，协作厂将近1400个，简直就是全国大动员、大协作！

"1059"仿制即将进入总装阶段时，突如其来的一场政治斗争，致使中苏关系破裂。

新中国成立后，作为社会主义阵营的核心，苏联在经济、国防、教育等方面给予中国很大的帮助和支持，中苏两国在

20世纪50年代前期进入了亲密无间的"蜜月期"。1953年斯大林去世,苏共内部的权力斗争白热化,中国不赞成赫鲁晓夫将斯大林的功绩全盘否定。赫鲁晓夫提出建立"联合舰队",限制中国发展自己的核自卫能力等做法,表明了苏共已经不再以无私的方式帮助中国。1956年匈牙利"十月事件"爆发,苏共的大国沙文主义思想极度膨胀,对阵营内不同意见的国家大打出手,中苏关系走向破裂。

1960年7月16日,苏联政府照会中国政府,撕毁两国政府签署的12个协定,废除200多个科技合作项目,并决定于7月28日至9月1日,撤走援华的1390名苏联专家。

中国人终于如梦初醒:关系到国家民族安危的尖端技术,靠钱是买不来的!

这场突如其来的政治风波,让孙家栋这批年轻的科技人员,似乎一夜之间成长了起来,他们深深感受到自己肩上的重担!

半个世纪后,回顾这段经历,孙家栋刻骨铭心:"三年困难时期,苏联撤专家,撕毁合同,却是给我们上了一堂活生生的政治课,科技救国、科技强国,核心技术必须靠自己。或许就在那时候,为祖国的航空事业奉献毕生精力的信念便已经扎下了根。"

1960年8月,孙家栋被任命为导弹型号总体设计室主任。

苏联专家撤走后,原来的一批合作项目废除了。五院因时制宜,具体研究了仿制与自行设计的关系。聂荣臻指示:

仿制不能停,要把能学到的尽快学到。

苏联领导的绝情,激起了大家心中的怒气和骨气。

那天夜里,孙家栋和几位年轻人又在加班,有的画图,有的看资料,有的还在轻声议论着:

"这'老大哥'也太不讲情义了,说走就走。"

"还说是亲兄弟呢,还是无私支援呢,就这么一枚P—2,还要了我们那么多的外汇。听说一个灯泡都要好几百卢布呢。"

"我就不信,离了苏联,中国人就造不出导弹!"

这时,门口传来了一个声音:"哟,这么热闹啊!"

大家抬头一看:钱学森院长来了,手里还端着只小铝锅。

孙家栋说:"院长,都大半夜了,您怎么还没休息?"

钱学森笑着说:"你们不是也还没休息吗?"

孙家栋说:"我们年轻,身体棒!"

钱学森说:"我年轻的时候,比你们还能熬夜呢。"

说着,钱学森打开了锅盖,"这是聂帅自己舍不得喝,给我捎来的一袋奶粉,我煮了一锅奶,大家赶紧趁热喝了吧!"

大家你看着我,我看着你,一时都愣在那里。

钱学森催促道:"别客气,别凉了。家栋,你是室主任,你带头。"说着,钱学森拿起孙家栋桌面上的茶杯,倒掉里面的茶底子,又倒了一杯奶,递给孙家栋。

孙家栋接过茶杯,抿了一小口,又停住了,说:"钱院长,你比我们辛苦,你自己喝吧!"

钱学森倒上一杯杯奶,递给年轻人们。

大家端着杯子，还是愣在那里。

钱学森幽默地说："咱们都是军人，服从命令听指挥。我喊'一、二、三'干杯，大家都干了。"

钱学森大声喊了起来："一、二、三，干杯！"

大家端起杯子，将奶都喝了，一个个眼中泪光闪烁。

望着眼前这些朝气蓬勃的年轻人，钱学森仿佛回到了自己的青年时代。

在加州理工刚刚获得博士学位时，第二次世界大战正打得不可开交。各交战国空军已经淘汰速度很慢的活塞式、布蒙皮的双翼飞机，都在想方设法采用薄而轻的金属制造飞机的壳体。但是，如果高速飞行的薄壳结构，其载荷超过一定数值，壳体就有可能发生皱瘪而失稳，即产生"屈曲"现象，飞机由此以致破损甚至解体。设计师急需发生"屈曲"临界载荷的数据。当时，有人依据经典线性理论计算出来的数值，与实验值几乎差了三四倍，根本无法应用。

冯·卡门深知解决这个难题对取得反法西斯胜利的重大意义，鼓励爱徒钱学森尽快去解决"薄壳失稳"的难题。

从1940年到1942年，钱学森经常把自己关在古根海姆大楼三层的研究室里工作到深夜。当时，中国动力学者张捷迁在加州理工进修，与钱学森合用一间研究室，天天与钱学森见面，他说："钱学森跟我是好朋友，天天在一起吃饭，天天晚上一起加班。我很少待过午夜，但钱学森常常通宵达旦地工作。"

1940年，钱学森发表了《球壳外压屈曲》论文，成为飞机设计的主要依据。1941年，钱学森又将计算屈曲临界载荷的能量跃变准则，推广到柱壳领域。历经几个月的苦研苦算，钱学森终于拿出了《柱壳轴压屈曲》论文，具有非常重要的理论意义和实用价值。

说话间，二十年过去了。

钱学森感慨地说："看见你们，让我不由得想起青年时代，年轻真好！"

有技术员问："钱院长，你想过没有，假如您继续留在海外，现在会怎么样呢？"

钱学森若有所思地说："历史无法假设，不过研究空气动力学的，留在海外，肯定会参与尖端导弹的研发。但是，有一天，如果突然发现自己参与研发的洲际导弹正瞄准自己的祖国，那会是一种什么感觉？或许，我会跳海自杀！"

孙家栋的心一震，是的，作为一名科学家，自己的科研成果不仅不能服务于自己的祖国，反倒拿去残杀自己的同胞，那真的是生不如死……

"钱院长，现在苏联专家撤走了，我们的科研条件又这么落后，怎么才能尽快赶上去？"一位技术员又问。

钱学森两眼烁烁闪亮，他对年轻人说："'老大哥'把我们逼上绝路，也好。这样必须绝地逢生，逆势而为。甩掉洋拐杖，我们照样可以干出一番事业！"

大家心中的激情都在撞击着、翻涌着……

车轮滚滚，风驰电掣。列车驶过包头、银川、兰州，一路呼啸着向西、向西……

苏联专家撤走后不到一个月——1960年9月10日，经过拆装后又组装好的苏联"P—2"导弹，使用国产酒精、液氧、过氧化氢进行发射，取得完满成功。

10月23日，我国仿制的第一枚"1059"导弹，从北京秘密运往酒泉导弹试验基地。

孙家栋随试验队赴酒泉。坐在封闭的押运车里，他无法一睹西北风光。只有到了夜里，透过头顶的天窗，可见稀疏的寒星。

酒泉基地，位于内蒙古额济纳旗境内，距离酒泉市200多公里。除青山头、狼心山几个丘陵外，四野是一望无边的茫茫戈壁滩。1958年3月，中央军委决定建设酒泉发射基地。以第20兵团领导机关为基础组成特种工程指挥部，两个工程兵师、12个工程兵团、一个铁道兵师、两个汽车团及步兵、空军、北京建筑公司、兰州建筑公司等紧急调往戈壁；全国715个厂矿和各军、兵种积极支持，通力协助；刚从朝鲜战场撤回的20兵团立即组织精兵强将，取道山海关向西北挺进。十万大军苦战两年，终于建起了中国第一个导弹发射场。

孙家栋第一次到戈壁滩，抬望眼，他最强烈的感觉是辽阔、荒凉，似乎还带着几分悲壮。北风"呼呼"地刮着，路旁一簇簇骆驼刺，一丛丛芨芨草，像是一个个守望者，长年累月坚守在戈壁上。

此时，通向基地的专用铁路还没有完全铺上轨，只有一条公路环绕着基地与各个部队驻地。

部队都住在排列整齐简陋的干打垒土坯房里。干打垒，就是两边用木板夹着，中间用土夯实，筑成一道道土墙，房顶先搭上柳条编成的排笆，再钉上油毛毡。由于风沙太大，土坯房一半在地面，一半在地下，窗子开得很小。

11月1日中午，导弹在阵地做水平测试，当第二台发动机典型试车进行到最后58秒时，氧化剂泵突然发生爆炸，导致氧化剂泵盖上18个螺栓全部拉断，泵盖飞出30米开外，重重地砸在了试车台观察间的墙上。任新民召集发动机组技术人员研究分析，认为尽管氧化剂泵发生了爆炸，万幸的是发动机涡轮泵安全可靠，发射试验可以按原计划进行。

第二天，钱学森和几位专家紧急从北京赶来，看了现场以后，认可了任新民的意见。

孙继先记得，那天钱学森刚到基地，周恩来的电话就追来了："钱学森同志今天到基地，我们的'国宝'就交给你啦，继先同志，你们绝对要保证他的安全。"

基地司令员孙继先在电话里向周总理做了保证。

11月4日，聂荣臻带着张爱萍、赵尔陆、陈士榘、方强等一队人马，来到基地，亲自主持第一枚国产导弹发射。

聂荣臻看了技术阵地和发射阵地核心岗位，非常满意。不过，他还是问老部下、当年指挥十七勇士强渡大渡河的营长、基地司令员孙继先中将："明天能不能准时发射？"

孙继先信心十足："放心，聂老总，明天一定能准时发射！"

聂荣臻说："你必须拿出当年强渡大渡河的决心和气魄，带领大家完成任务！"

孙继先是山东曹县人，少年参加革命。1932年任红二十二军六十四师连长，之后参加了中央革命根据地第三、四次反"围剿"斗争。1934年10月，长征开始，他任红一军团一师一团（先遣团）一营营长，率部参加了四渡赤水、突破乌江、巧渡金沙江等战斗。在安顺场，他亲自挑选并带领十七勇士巧渡大渡河，夺取并控制了渡口阵地，掩护后续部队渡过大渡河。

"1059"导弹高高耸立在发射架上，墨绿色的弹体披着一身冷光，直刺蓝天。它像是一位满身披挂的将士，威风凛凛。

11月5日凌晨，戈壁滩上的气温降到了零下八九度。在探照灯的照射下，发射场亮如白昼。参试人员穿梭往来，一片繁忙。

孙家栋早早就起来了，几乎一夜无眠，钻在薄薄的被窝里，身上一点热气儿都没有。越冷，越兴奋，他一点儿睡意都没有。

孙家栋期待发射那一刻的到来，兴奋伴随着忐忑，激动与紧张交织在一起。这是我国第一枚仿制的导弹，质量是否过关，还是个未知数。它的成败不仅决定着国产导弹的命运，同时还关联着国家民族的荣辱。

钱学森陪着聂荣臻和将军们来到发射场，元帅、上将、中将、少将，金星闪烁，这些开国战将的到来，无形之中使整个发射场的气氛突然间变得凝重和壮烈起来。

聂荣臻走进由几间活动铝板合金组装成的简陋指挥所,这里离发射地点只有5公里。蓦地,聂荣臻剑眉高扬,望着远方,像是等待着发起总攻那一刻的到来。

8时,孙继先向聂荣臻报告:"报告聂老总,导弹发射试验一切准备完备,是否进入1小时准备程序?"

聂荣臻操着四川口音,命令道:"按部署进行!"

9时整,"0"号指挥员下达倒计时令:"……5、4、3、2、1,点火!"

骤然一声巨响,大地颤抖,发射台四周喷出滚滚白烟,导弹闪电般直指苍穹。几秒钟后,导弹开始向西拐弯,随后越飞越高,越飞越远,渐渐化作小亮点,从视野中消失。

"发现目标,飞行正常!"

"发现目标,跟踪良好!"

7分32秒后,传来消息:导弹飞行正常,命中550公里外的预定目标。

张爱萍将军第一个鼓掌,大声喊了起来:"太漂亮了,跟大姑娘上轿似的!"

聂荣臻眼里闪着泪花,和钱学森紧紧握手,激动地说:"我们成功了,太好了,谢谢你们,谢谢基地全体参射人员!"

霎时欢声雷动,口号声、笑声、掌声汇成一片。兴奋的人们欢呼着将毛巾、军帽、草帽抛向空中。

聂荣臻非常激动,与钱学森等科学家热烈握手。他走出指挥所，登上一座沙丘，把科学家、将军、科技人员招呼到自己身旁，留下一张珍贵的历史照片。

这一天是苏联全部撤走专家后的第 85 天。

中国自制的第一发导弹发射成功！

中国的航天科技工作者，像是一个蹒跚学步的孩子，尽管走得歪歪扭扭，但毕竟迈出了第一步，而且站立住了。

晚上，在简陋的食堂里举行了庆功宴，酒泉基地用部队的"伙食尾子"（节约的伙食费）准备了"四菜一汤"：西红柿炒鸡蛋（聂帅从北京带来的）、猪肉辣椒、焖江豆（战士们夏天摘下晒干）和焖黄羊肉（黄羊是官兵们野外打猎得来的）。在三年困难时期，这顿饭已经极其奢侈了。

聂荣臻举着茶缸，以茶代酒，向所有的航天创业者们致敬：

> 同志们：这次试验的情况，我已经打电话报告了毛主席和周总理，他们听了都很高兴，要我代表他们向全体参试人员表示祝贺和谢意。同时要求大家再接再厉，争取更大的胜利！……在祖国的地平线上，飞起了我国自己制造的第一枚导弹，这是毛泽东思想的胜利，是工人、技术人员、干部以及解放军指战员辛勤劳动的结果，也是我军装备史上一个重要的转折点！

大家手中的茶杯、饭碗碰得震天响。

孙家栋沉浸在兴奋和自豪之中，同时也感受到了作为一名科技工作者的责任和使命。

12月6日和16日，"1059"导弹又分别进行了两次发射试验，均获得成功。这标志着中国在掌握导弹技术的道路上迈出了关键的第一步，它带动了中国导弹研制、发射基地的建设和发展。从此，中国拥有了一支导弹研究、设计、生产和试验队伍。

苏联专家撤走了。

共和国进入三年困难时期。

1961年8月，中央政治局会议在庐山举行。会上讨论"两弹"问题时，有人认为"两弹"研制应该暂缓，或者下马；多数人则表示再困难，也不能放弃国防工业。于是，便有了陈毅那句名言："脱了裤子拿到当铺当了也要搞'两弹'！"

毛泽东明确表示：国防尖端技术不是上马下马的问题，而是如何加紧进行的问题！

东风二号立即上马。东风二号全长20.9米，最大直径1.652米，尾部有4个三角形尾翼，起飞质量为29.8吨，射程1200公里。

东风二号射程是"1059"的两倍，研制中面临新的挑战。

一次，一分院开会时，钱学森提醒大家说："仿制和自行设计是截然不同的。仿制时主要问题人家已经给你解决了，你就是按规矩办事；自行设计就不同了，出现的技术问题多，而且各有各的说法,每一个问题都需要我们自己来解决。"

钱学森、任新民、屠守锷、黄纬禄、梁思礼带着孙家栋这些年轻技术员开始又一次"爬坡"。

"为祖国争光,为民族争气!"没有图纸,没有可参考的数据,大家以初生牛犊不怕虎的精神,攻坚克难。钱学森亲力亲为,与大家一起分析问题,解决难题。

一分院完成了东风二号导弹的全部设计工作。

1961年5月,"东风二号"从初样生产转入试样生产。

1962年2月20日,第一枚东风二号导弹总装测试完毕。3月4日,导弹出厂,装上列车送往酒泉发射基地。

孙家栋跟随总体部几位专家在专列上押车。

11室(导弹控制系统)副主任梁思礼是我国近代著名社会活动家梁启超的小儿子。在车上他向大家透露,他的第三个孩子即将出生,他与妻子商定好了,如果生男孩取名"梁凯",生女孩取名"梁旋",其意此次发射马到成功,志在"凯旋"。

戈壁滩依然荒芜,但与一年多前相比,条件改善了不少,专用铁路修好了,官兵们也搬进了平房里。

但戈壁的风依然强劲,说来就来,飞沙走石,遮天蔽日。

3月21日9时5分,发射场万籁俱寂,巍然矗立的东风二号,像一把利剑直指长空。

"点火!"随着指挥员号令,所有人的目光都紧张地盯着发射台。

"轰"的一声巨响,导弹喷着烈焰起飞了。

几秒钟后,孙家栋突然发现导弹剧烈摇摆了几下,然后像个醉汉一样摇摇晃晃,飞了69秒,一个筋斗从空中栽了下来,随即在发射台三四百米的地方爆炸,腾起的蘑菇云遮天蔽日,地面被炸出一个4米深、20多米直径的大坑。

在场的所有人员全都蒙了,突然,传来一阵撕心裂肺般的哭声。

孙家栋木然地站在那里,望着那个深深的弹坑,望着被烧煳了的石头,这个东北汉子,咬着嘴唇,不想让自己哭出来。可是,实在是克制不住,忽地,他蹲下身子,双手掩面,失声大哭。

孙家栋第一次尝到了失败的痛苦。此时,年轻的孙家栋尚未意识到,在漫长的科研道路上,失败与成功始终紧紧相随。

在北京坐镇指挥的钱学森,第二天乘专机急忙赶来,查看了爆炸现场和导弹残骸。

打了败仗,钱学森心情十分沉重,他向聂荣臻做了检查:"我是技术总负责人,我有责任。"

聂荣臻安慰他:"不要泄气,科学实验,本身就包含着成功与失败两种可能。常规武器,造一门大炮还要经过打几百发甚至几千发的试验,何况导弹这样复杂尖端的武器呢。如果一下子成功了,我倒是不放心了。"

聂荣臻知道这时候上上下下压力一定很大,他专门叮嘱张爱萍:"爱萍啊,告诉下面一定不要层层追查责任。"

一句"一定不要层层追查责任",温暖了全体参试人员的心,这是元帅对科技工作者的理解和尊重啊!那个年代,处理问题往往偏"左",知识分子最怕的是扣"帽子"。

钱学森将大家召集到了一起,没有责备,只有鼓励,他说:"挫折算什么,跌倒了重新站起来!"

片刻,钱学森又说:"科学家不要以为遇上失败是坏事情,科学家往往是与千百次失败结为伴侣。不要以为鲜花、掌声、赞扬是科学家的生活,不要设想自己从事的研究总能被人理解。"

按照聂荣臻要求,钱学森组织一分院上下全部投入查找故障、分析故障的工作。孙家栋他们从总体方案入手,一个一个、一层一层对各个分系统的技术状态以及可靠性进行分析实验,根据故障现象反复进行模拟验证。钱学森不断鼓励年轻的设计师:"导弹飞行稳定问题,国外早已解决,西方人能办到的事,东方人也一定能办到,控制系统一定要'杀出一条血路'来。"

五六月间,一分院光是全体人员参加的故障分析会就开了9次。故障主要原因逐渐明晰:一是在总体方案设计中,未将弹体作为弹性体来考虑,震动耦合使导弹飞行失控;二是火箭发动机提高了推力,但结构强度不够,致使局部损坏起火。除此之外,在组装管理,按研制程序办事和充分进行地面试验等方面,也存在一些问题。

为了彻底解决试验暴露出来的问题,从总体设计部到各分系统设计单位,经过两年多的拼搏,完成了4类17项试验,光发动机试车就多达 105 次。

　　1964 年 5 月 4 日，聂荣臻听取关于东风二号改进型导弹研制情况汇报。钱学森的汇报，从始至终严谨求实，聂荣臻十分满意，称赞道："同志们辛苦了。你们吃一堑长一智，严格按程序办事，相信成功是会有把握的。我将立即报告中央，争取早日再进行飞行试验。预祝同志们成功！"

　　1964 年 5 月 25 日，改进型东风二号运抵酒泉。

　　中国人民解放军副总参谋长兼国防科委副主任张爱萍代表聂荣臻到发射现场坐镇。

　　6 月 29 日，骄阳似火，整个戈壁滩像是个大蒸笼。钱学森顶着烈日，听取各单元测试汇报，协调处理各种技术问题，满脸汗水，全身都湿透了。

　　导弹测试完毕，开始加注燃料，先加燃料酒精，再加液氧。

　　突然，导弹总设计师林爽急忙跑来，向钱学森报告："钱院长，不好了，高温引起液氧加速汽化，液氧贮箱不能按设计的容量加满，导弹可能无法达到预定射程。"

　　钱学森吃了一惊，因为导弹预定落区的测量网都已布置就绪，如果达不到原来的射程，不仅落区的测量设备和测试人员形同虚设，而且还可能发生其他不可控的危险。

　　第一次遇到这个难题，大家想了几个方案，都不理想。

　　此时，年轻的设计员王永志突发奇想，在改变推进剂混合比（氧化剂与燃料的重量之比）的计算方法后，认为减少 600 公斤燃料（酒精），改变混合比，使导弹的飞行重量减轻，飞行的速度变快，导弹照样可以到达预定的落点区域。

王永志直接找到钱学森，说了自己的看法。钱学森听得很认真，然后，打量着眼前这位精干的年轻人，说："把你的计算方法写给我看看。"

王永志在一张纸上，很快列出了几个公式，钱学森一看，紧蹙在一起的眉心舒展开了，果断地对林爽说："王永志的意见正确，就按他的方法实施。"

试验队立即从导弹中泻出600公斤酒精。

随着"点火"一声令下，在同一个发射台，改进型的东风二号，直插长空，试射成功。

王永志是辽宁昌图县人，1952年考入清华大学航空系飞机设计专业，当年院系调整并入北京航空航天大学。1955年到莫斯科航空学院飞行器设计系飞机设计专业学习，三年级时根据中苏两国政府的协议改学火箭导弹设计。1961年毕业回国后，便参与东风二号研制。

张爱萍和钱学森又是握手，又是拥抱，并情不自禁高呼："科学万岁！""科学家万岁！"

7月9日和11日又发射两枚，均获成功。

9月至10月，连续发射5枚，捷报频传。

钱学森激动地说："如果说我们两年前还是小学生的话，现在至少是中学生了。短短两年，大家提高到中学水平，不简单！"

中国航天史崭新的一页掀开了，中国航天人在东风二号上的集体经历，奠定了钱学森航天系统工程思想的实践基础和理论基础。不仅掌握了导弹研制的关键技术，还系统地摸索总结出了导弹研制的科学规律。从这个意义上说，东风二号的失败是一次成功的失败，它成了中国航天展翅腾飞的历史性拐点！

为了加快导弹事业的发展速度，钱学森组织人员编写《地地导弹发展规划编制》，他指名让孙家栋等几名青年技术骨干参加。孙家栋肯学习，好钻研，思路开阔，常常提出一些前瞻性的建议。比如，导弹外径尺寸的确定，导弹推进剂使用可贮存的化学推进剂，导弹控制系统采用惯导，遥测加大数据量，导弹结构强度按桁条薄壳理论计算，以及中程、远程、洲际导弹的距离界定，多级导弹的级数，导弹发动机推力等。多少年过去了，这些基础方案一直在发挥作用。

经过一番磨炼和考察，孙家栋被任命为一分院总体部总体设计室主任。

那些日子，孙家栋与钱学森接触最多，钱学森日理万机，但他经常到总体室来，听取汇报，了解情况，答疑解惑；孙家栋遇到难题随时去钱学森办公室，成了他的常客。

对于孙家栋来说，钱学森是领导，更是导师，耳提面命，言传身教。

"原子弹就是这么大的东西，没有那东西，人家就说你不算数，那么好吧，我们就搞一点吧，搞一点原子弹、氢弹，我看有 10 年工夫完全可能。"

　　1958 年 5 月，在中央军委扩大会上，毛泽东下达了研制、试验核武器的命令。按照毛泽东的命令，王淦昌、邓稼先、钱三强、朱光亚、程开甲、郭永怀、王承书等一批核物理专家，隐姓埋名，在大西北开始了艰难的原子弹研制。

　　1964 年 10 月 16 日，东风二号发射成功半个月后，中国自行研制的第一颗原子弹，在新疆罗布泊核试验基地爆破成功。这标志着我国的国防建设向前迈出了关键的一步，成为继美国、苏联、英国、法国之后第五个拥有核武器的国家，从而打破了帝国主义的核垄断和核讹诈，在世界政治、军事格局中引起的震撼，将是永久性的。

　　正当举国上下欢呼第一颗原子弹爆炸成功之时，西方政客不无讽刺地说："中国人有弹无枪，一通瞎忙。"言下之意，没有导弹作为运载工具，核武器打不到海外去，便失去了威慑力。

　　中央已经提前关注到这个问题，一年前的 9 月，中央专委专门对两弹结合工作做了部署。聂荣臻指出："我们装备部队的核武器应该以导弹为运载工具，这是我们发展的方向。"并任命钱学森担任两弹结合飞行爆炸试验技术总负责人。

　　要将导弹和原子弹结合起来，原子弹要小型化。为适应原子弹的要求，导弹必须要做许多相应的技术改进。孙家栋领导一分院总体设计部与有关分系统的设计单位，用了半年多时间，完成了中近程地地导弹的改型工作。减轻了全弹的结构重量,增加了推进剂自动补加装置,将惯性和无线电混合的制导体制改为全惯性的制导体系等,使导弹射程增大了20%,战术技术性能也有所改善。

1965年11月13日,中国人自己研制的第一杆"枪"——东风二号甲首次试飞成功。接着,又进行了两批次三发导弹成功的试验。

导弹试飞成功,不能说是万事大吉,真装上原子弹,又是另一回事。有专家将原子弹装在导弹上,比喻为一个"壮汉"娶了个"娇小姐"。因为导弹起飞前要有起竖、粗瞄、垂直测试、火工品安装、燃料加注、精瞄等一系列工序,而原子弹却是个怕热、怕冷、怕潮、怕震动、怕过载、怕冲击、怕静电、怕雷电的"娇小姐"。导弹、原子弹同属于尖端技术,但由两个系统分别研制,双方互不了解,现在要"联姻",弄不好会闹出大矛盾。美国从原子弹到两弹结合搞了13年(1945—1958),苏联用了6年(1949—1955)。美国在海洋上搞导弹核武器试验,苏联在西伯利亚进行原子弹、导弹试验。

1966年10月27日上午9时,东风二号甲导弹搭载着核弹头拔地而起,直插苍穹。

9时9分14秒,弹着区传来令人振奋的喜讯:核弹头在预定的距离——距发射场894公里之外的罗布泊弹着区靶心上空569米高度成功爆炸!

聂荣臻立即向等在电话机旁的周恩来汇报,周恩来欣喜万分,大声说:"聂老总,请转告科学家们,你们又一次响亮地回答了世界!"

新华社 10 月 27 日讯:

1966 年 10 月 27 日,中国在本国的国土上空,成功地进行了导弹核武器的试验,导弹飞行正常,核弹头在它预定的距离,精确地命中目标,实现核爆炸。

美国《纽约时报》报道:

一位 15 年中在美国接受教育、培养、鼓励并成为科学名流的人,负责了这项试验,这是对冷战历史的嘲弄。1955—1956 年的 5 年中,美国政府成为这位科学家的迫害者,将他视为异己的"共产党分子"予以拘捕,并试图改变他的思想,违背他的意志滞留他,最后才驱逐他出境回到自己的国家。

孙家栋当时就在发射现场。后来,有记者采访他,问他当时的感受,他想了想,说:"导弹发射后,脑子一片空白。听到欢呼声,意识到发射成功了,这时候发觉内衣全湿透了。"

从酒泉基地凯旋后,五院召开了总结大会,总体设计部受到表彰。孙家栋深深懂得导弹研制是项集体事业,即便是总设计师,也是集体中的一人,无非是集大成者罢了。正如钱学森针对总设计师和总体设计部的关系总结的那样："干我们这一行,一得之见多得很,有道理,可不见得全面。但是在我们这儿有一条,最后是总设计师拍板。总设计师也不是一个人,他还有一个总体设计部,还有一个大班子,用现在的话说就是系统工程的班子。他们运用系统工程,衡量各种因素,选择最优方案。总设计师听取各方面的专家意见,又看了总体设计部的报告,最后下决心拍板。拍了板,谁再有意见也不算数了。"

11月两弹结合试验成功后,聂荣臻从东风基地飞到马兰核试验基地视察。离开马兰,他没有飞回北京,而是带着钱学森、张震寰等又飞回东风基地。他虽然没有说明,但钱学森隐隐约约觉得他是为东方红一号卫星发射来的。

11月17日,聂帅走了三天,和钱学森、张震寰又返回来,东风基地的李福泽、栗在山有些纳闷。

当晚,聂荣臻召集紧急会议,他忧心忡忡地对李福泽说:"为了不影响卫星发射的进度,我决定将卫星地面观测站台的筹建工作交给你们基地统管。我回京后,让总参下发文件,各个台站的工程建设由所在的各大军区组织实施,站址勘探、设备安装、业务工作都由你们负责。你们要抽出骨干,到各个台站负责技术工艺建设和设备安装……"

李福泽两眼瞪大了:"聂帅,不是我不服从命令,而是没法干。一下子接收这么多单位,肯定会引起纠纷和矛盾。"

一旁的钱学森急了:"李司令,你不知道科学院的领导已经被'靠边站'了,科研人员也没法静下心来搞科研,你们不接收,卫星的事恐怕一年半载都难以走上正轨。"

"福泽,你们就先吃后吐嘛,非常时期,这也是没有办法的办法。不管遇到多大的困难,我们人造卫星的发射试验,必须如期实施。现在不抓卫星观测站的建设,到时候肯定抓瞎。"聂荣臻眉头紧蹙。

李福泽第一次发现老首长今天这种状况,他意识到老首长的确是遇到了难题。这时候必须豁出去,中国要放卫星是压倒一切的政治任务。他对聂荣臻表态说:"聂帅,您交给的任务,基地干!天塌下来,也顶着干!"

聂荣臻激动地握着他的手说:"福泽,我们大家拜托你啦!"

至此,从事卫星测控研究和从事火箭、导弹靶场测控工作的两支队伍汇集在了一起,在那个特殊的年代里,开始了卫星测量控制网的建设。

1967年3月,聂荣臻还建议将各科研研究所,以及中国科学院承担国防科研任务的研究机构,交由国防科委实行军事管制。

东风—2甲的改进,充分发挥了集体的力量,任新民主持研制出了采用可贮存液体推进器的火箭发动机;郝复俭主持研究成功高精度陀螺仪和加速度计;姚桐斌带领团队解决了不锈钢高温钎焊、铝合金化学铣切等工艺难关,还试制成功了弹头烧蚀防热、燃气舵等所需的特种材料。同时,其他一些攻关小组在控制系统、遥测系统、地面设备、结构强度与环境工艺等方面，成果丰硕。这些都为中程地地导弹研制打下了坚实的技术基础。

中国的航天事业是由一代一代的航天人，用心血和生命凝结成的。

一个国家、一个民族，在核心科技特别是尖端国防科技，无法与他国比肩并起时，便失去了和他国平起平坐的资格和尊严。20世纪50年代中期之后的半个多世纪里，在钱学森的带领下，中国的导弹从战术到战略，从地地到地空、海防，从陆基发射到水下发射，从固定发射到机动隐蔽发射，从中远程导弹到洲际导弹，科技水平跻身世界先进行列。东风行列、长征系列运载火箭跟进发展，大国长剑，为中国抢占了一个个科技前沿和战略制高点。

孙家栋入列中国导弹研制铁军近8年了，在这个能吃苦、敢创新、讲奉献的集体里，在学习与实践中，他经受了锻炼，快速成长。他深深爱着这个集体，准备为中国的导弹事业奉献毕生之力。

鞍马犹未歇，战鼓又催征。

不久，孙家栋听到另一个更遥远的"天体"在召唤……

第四章

"我们也要搞人造卫星！"

宇宙浩渺，星空璀璨。

几千年来，人类对宇宙的想象和憧憬从未中断。人类渴望探索自己栖居的地球和神秘梦幻的星空。

在古代，我们的祖先关于飞天的梦想，主要记载于诗词之中："高飞兮安翔，乘清风兮御阴阳"（屈原）、"我愿生双腿，捕逐出八方"（韩愈）、"安得生羽毛，娇翼思凌空"（李白）……

古代的火箭最早出现在三国时期，是将火把装在弓箭中，然后发射出去。后来中国发明了火药，唐末开始用于战争。到了北宋年间，出现了人类历史上最早、最原始的"火药箭"，之后火箭随着丝绸之路传入欧洲。

明朝成化十九年，一位名叫万户的士大夫，为了实现自己的航天梦想，手持两只大风筝，坐在一辆捆绑着47支火箭的椅子上，设想利用火箭的推力飞向天空，然后利用风筝平稳着地。但火箭上升不久，不幸在空中爆炸，万户为此献出了年轻的生命。人们称他为"世界航天第一人"。为纪念万户，国际天文学联合会将月球上的一座环形山以这位古代的中国人命名。

俄国"航天之父"齐奥尔科夫斯基说：

> 地球是人类的摇篮，但人类不可能永远被束缚在摇篮里。他们不断争取着生存世界和空间，起初小心翼翼地穿出大气层，然后就是征服整个太阳系……

把齐奥尔科夫斯基这一论断变为现实的，是美国的"火箭之父"罗伯特·戈达德。1926年3月16日，戈达德将自己发明的世界第一枚液体火箭发射上空，尽管火箭飞行高度只有14米，飞行了2.5秒，但它却是第一枚现代火箭。

随着第二次世界大战的爆发，火箭技术快速发展。德国研制的V—2导弹，很快投入战场。

人造地球卫星研制，寄托着人类迈向宇宙的决心和梦想。

1957年10月4日，"红色月亮"升空后不到一个月，11月2日，应苏联方面的邀请，毛泽东率团参加苏联十月革命40周年庆祝大会以及高级共产党和工人党会议。抵达莫斯科次日，苏联又发射了一颗更大的而且肉眼可见的人造地球卫星，卫星还将一只叫"莱伊卡"的小狗送入太空。在莫斯科期间，毛泽东高度评价说："全世界公认：苏联两次发射人造卫星的成就，开辟了人类征服自然界的新纪元。"他感慨道：目前是世界局势的一个转折点。这是世界上两个阵营力量对比的转折点。从今以后，西风压不倒东风，东风一定要压倒西风。

两颗苏联卫星上天，极大地震慑了美国。艾森豪威尔总统如坐针毡，快速批准了陆军早就制定的一项发射卫星的计划。经过一番慌乱，美国对外公布，将于1957年12月6日发射第一颗人造卫星。然而，匆忙上阵，先锋号火箭点火后仅两秒钟，便从空中一个筋斗栽下来。

出师不利，美国人没有罢休。于1958年2月1日，发射了第一颗人造地球卫星——探险者1号。

苏联、美国的人造卫星先后登场，对于最早向往遨游太空的中华民族来说，是一种压力，同时，也是一种动力！

1958年5月，中共八大二次会议在北京召开。

神州大地，"大跃进"的热潮汹涌澎湃。

针对苏联、美国人造卫星上天，许多代表纷纷建言，苏联老大哥的卫星上天了，希望党中央作出决策尽快开展中国航天技术研究工作。中国是火箭的故乡，又是社会主义国家，天上不能没有中国的卫星。

苏联第二颗卫星上天时，毛泽东正在莫斯科参加世界共产党首脑会议。毛泽东对赫鲁晓夫说：你们又一颗卫星上了天，真了不起！美国吹得神乎其神，为什么连一个"山药蛋"都没抛上去呢？这个意义很大，说明了社会主义制度的优越性。

苏联的卫星上了天，深深触动了毛泽东的心，或许，在莫斯科时，他已经在考虑这件事了。

新中国成立 8 年了，但一个积贫积弱的旧中国，刚刚从半殖民地半封建的桎梏中解放出来，还处于恢复元气时期。1958 年，我国国民生产总值只有约 1450 亿元人民币，人均不过 200 元；钢产量只有 1000 万吨左右；能源消耗仅为 1.76 亿吨标准煤。无论是经济基础，还是科技实力，中国此时还不具备研制人造卫星的条件。

毛泽东落座主席台正中，一边抽着烟，一边听着代表的发言，他的心中也是万马奔腾：卫星，卫星，卫星！

忽然，毛泽东掐灭了烟蒂，站了起来，扫视了一下会场，用重重的湖南口音说："看这样子，人造卫星把我们的人搞得不得安生了呀，苏联抛上去了，美国也抛上去了，我们该怎么办？"

毛泽东停顿了一下，会场忽然间变得寂静了。毛泽东接着说，"我们也要搞人造卫星！"

会场爆发起一阵雷鸣般掌声。

毛泽东意犹未尽，提高声音，风趣地说："当然啦，卫星应该从小的搞起，但是像美国鸡蛋那样大的我们不放，要放我们就放它个两万斤的。"

毛泽东话音刚落，代表们欢呼着站了起来，为领袖的决策和气魄，报以长时间的掌声……

毛泽东发出"我们也要搞人造卫星"的号令！

我们在不具备条件的情况下，要搞卫星，有什么，靠什么？有党的领导，有全国人民的力量，有革命战争的经验，靠自力更生的决心和干劲。

党的八大二次会议刚结束，主管全国科学工作的聂荣臻副总理，按照周恩来指示，于5月29日召集中国科学院和国防部五院负责人张劲夫、钱学森、王诤等组织有关专家拟定人造地球卫星的研制发射计划。

中国科学院组织钱学森、赵九章、郭永怀、陆元九等专家制定人造卫星发展规划草案，提出了"三步走"的设想：第一步，发射探空火箭；第二步，发射一二百公斤重的卫星；第三步，再发射几千公斤重的卫星。

中国科学院和国防部第五研究院将人造地球卫星的研制列为1958年第一项重点任务，成立了我国第一个卫星小组——中国科学院"581小组"（保密代号为"581"任务）。钱学森为组长，赵九章、卫一清为副组长。另设技术小组，由钱学森和赵九章主持。经常参加"581"组会议的有陆元九、杨嘉墀、陈芳允、吕保维、马大猷、孙湘、孙健、王正、吴几康、施履吉等。中科院成立了三个设计院，分别从事人造卫星和运载火箭的总体、控制系统，空间物理和卫星探测仪的研究、设计和试制工作。

赵九章祖籍浙江湖州，1907年出生于河南开封。自幼聪慧，熟读"四书五经"。1922年以第一名的成绩考入河南留学欧美预备学校，1925年转学浙江公立工业专科学校（1928年改为浙江大学）。其间，积极参加中国共产党外围组织活动，于1927年加入中国共产主义青年团。1928年3月，赵九章被捕，6月出狱。他一边养病，一边补习功课，1929年8月，考取了清华大学物理系。1934年10月，赵九章考取"庚子赔款"留学名额。这一年同时考取的还有王竹溪、张光斗、钱学森等20余人。他们虽然专业不同，但都是当时国内的青年佼佼者。

清华大学录取公费留学生后，规定要在国内导师指导下进修一年才能出国学习。赵九章在清华大学的恩师、我国物理学的一代大师叶企孙，推荐他去中央研究院气象研究所，师从我国气象学一代宗师竺可桢开始新的学习生活。赵九章迈进了气象学大门，如鱼得水，半年后，写出了《中国东部空气团分析》，这是赵九章的第一篇学术论文，也是我国分析东亚气团的第一篇论文。考虑到我国气象学人才奇缺，叶企孙不顾"庚子赔款"留学必须去美国的规定，改派赵九章去德国柏林大学学习。

1935年7月，赵九章赴德国柏林大学攻读气象学专业，主修动力气象学、高空气象学和动力海洋学等课程。赵九章不仅专心致志地学好专业课，还十分注意世界气象研究的发展动向，关注着祖国的气象事业。

1938年8月，赵九章获得博士学位。此时，全面抗战已爆发，国土沦陷。赵九章渴望为国出力，他归心似箭，9月便辞别了他的导师和同学，离开德国，踏上回国之路。

回国后，赵九章被聘为西南联大理学院副教授，两年后被聘为教授。讲授理论气象学、大气物理学、高空气象学等课程，编写了我国第一部《动力气象学》讲义。1944年，赵九章被聘为中央研究院气象研究所代理所长。1946年，赵九章赴伦敦参加国际气象会议，后又在英国和美国考察访问。1949年，竺可桢、赵九章和气象研究所所有的研究人员，摆脱了国民党当局的胁迫，成功地留在大陆。

新中国成立后，赵九章出任中国科学院地球物理所所长，1955年入选中国科学院学部委员，还当选为中国气象学会理事长和中国地球物理学会理事长。

苏联第一颗人造卫星刚上天，赵九章便在报上发表文章，指出："人造卫星的发射，是空间探测新的里程碑。"赵九章以其敏锐的洞察力，意识到人造卫星上天将对宇宙空间研究、气象学、经济和国防建设以及人类的生活方式的改变产生重大影响。他思考了三个方面的问题：一是从空间技术入手，如何实现卫星上天；二是从空间科学考虑，卫星上天后对宇宙空间研究的影响；三是如何发展空间应用。

在中国最初的空间科学和卫星技术的研究和组织工作中，赵九章起到了相当关键的作用。

此时，借着"大跃进"的势头，全国快速掀起了一股"卫星热"。各科研机构和高等院校立即行动起来，纷纷抢着要放卫星。北京提出要搞高能发动机，上海提出要搞高能火箭，还有单位宣称要在 1958 年 10 月放一颗几百吨的卫星，向国庆献礼。

新中国第 9 个国庆节，中科院举办的"自然科学跃进成果展览会"开幕。展品中，卫星和火箭的设计图和模型引起了轰动。

10 月 25 日上午，毛泽东在张劲夫、钱学森、赵九章的陪同下，走进展览大厅。

毛泽东观看各种成果展览，脸上露出满意的笑容。在火箭和人造卫星模型前，他停住了步子，饶有兴趣地听取钱学森讲解。

最后一个项目是火箭"飞行"表演，毛泽东突然发现火箭徐徐"升空"，是有人在模型背后用绳子拉着，不由得哈哈大笑。

钱学森他们感到有些尴尬。

毛泽东却说："好！就这么搞！不要怕土，土八路不是把洋鬼子打败了嘛！"

随后几年，科学家利用上海机电设计院研制的探空火箭进行高空环境参数的探测和高空生物试验工作，获得了许多有价值的资料。为卫星安排的一批预先研究课题和设备研制任务，如空气动力学、轨道运行理论、热控制技术、火箭发动机与推进剂、技术姿态控制技术、无线电与空间电子学、空间环境模拟设备、空间物理学及航天医学工程等方面取得不小的进展，为人造卫星工程提前做了技术准备。

经历了 1958 年"大跃进"的狂热和三年困难时期，中国正在恢复元气。雪上加霜的是，1960年7月16日，苏联政府突然照会中国政府，宣布撤走在华的全部苏联专家。8月，苏联在华帮助工作的1.2万名专家和技术人员先后回国，同时带走了许多重要的设计图纸和有关资料，停止提供建设急需的设备、关键部件和重要物资。

面对苏联的背信弃义，在北戴河召开的中共中央工作会议上，毛泽东明确指出："要下定决心搞尖端技术。赫鲁晓夫不给我们尖端技术，极好。如果给了，这个账是很难还的。应该给赫鲁晓夫一吨重的勋章！"

邓小平说："砸锅卖铁也要搞！"

聂荣臻说："天塌下来也要争口气！"

陈毅说："脱了裤子当当铺也要搞！"

1964年的春天，迈着轻快的步子赶来了。古都北京脱去了灰色的冬装，柳树抽芽，玉兰绽放。

在国民经济三年大调整期间，钱学森带领航天大军不断取得了一系列重大突破。东风一号用了苏联的图纸资料，中近程导弹东风二号，完全靠自己的力量研制，连续7次飞行试验大获成功。钱学森说：中国航天人已经在地地导弹方面初步掌握了规律，从"文盲""半文盲"，现在可以算是"小学毕业了"。此时，中央专委下达了"两弹结合"的任务，钱学森的工作重点，放在如何为东风二号导弹增程和"两弹结合"的技术上，中程导弹东风三号的研制也全面展开。

1964年10月，应国防科委邀请，中国科学院地球物理研究所所长赵九章和方俊、钱骥等人赴酒泉导弹试验基地考察。原计划乘飞机，赶上10月16日我国第一颗原子弹爆炸试验成功，空中禁飞。10月24日，他们目睹了最后一枚东风二号导弹的飞行试验。中国人自己研制的导弹一飞冲天，大家非常兴奋。赵九章没想到会在这偏远的隐蔽基地见到久未谋面的钱学森，他握着钱学森的手说："没想到钱院长这几年无声无息，却干出了这么大的'声响'。"

回到北京后，应赵九章邀请，钱学森来到赵九章办公室，一见面，钱学森便问："这次去基地参观感觉如何？""收获极大，导弹研制进展这么快，出乎意料。""是啊，发射人造卫星，首要条件是要有运载火箭，我国火箭已经不成问题。不用太久，我们便会有中远程导弹和洲际导弹，到了那时候，不要说几百公斤的卫星，就是几千公斤的卫星都有能力放上去。"赵九章兴奋地说："想不到仅仅几年时间，我国就基本掌握了导弹技术，这是了不起的成就。有了导弹，我觉得把导弹试验和卫星发射结合起来，可以收到一箭双雕的效果，这应该是个快捷的办法。"钱学森和赵九章相约，他们两人以科学家的身份和个人名义分别上书中央，提出建议。

赵九章让钱骥先起草，自己逐字逐句修改，几易其稿。导弹—原子弹研制工作直接由周总理主持的中央专委在抓，在12月下旬召开的第三届全国人民代表大会期间，赵九章将报告直接呈送给周总理。

第四章 "我们也要搞人造卫星！"

赵九章给周总理的报告重点陈述了三方面的内容：一、发射卫星和发射洲际导弹相辅相成，发展人造卫星是解决我国远程导弹全程打靶的一个关键措施，可推动远程导弹的发展；二、人造卫星是直接用于国防或服务于国防的，美、苏发射了几百颗卫星都与国防有关；人造卫星与尖端科学及工业的关系密不可分，即发射卫星可带动无线电、自动控制工业特别是高精度远程雷达和高速计算机的发展，发射卫星可带动我国材料科学的发展；三、人造卫星的工作规模和尖端科学及工业的关系。

报告最后写道：

我国尖端科学力量已有相当规模，1958 年以来，在总路线光辉照耀下，中国科学院成立了一批与新技术有关的研制单位，一支科学队伍已经成长起来。从 1960 年起，我们和五院合作，已成功发射了一批气象火箭，取得了高空风及温压资料，在探空技术上，取得了一点初步成绩，但这仅是我国空间研究的开始，我们还必须再接再厉，努力取得更多的成绩，为我国国防多做一些工作。从战备的观点来看，我国亟需进一步准备侦察卫星、通信卫星、气象卫星等工作。这是我国科学上继原子弹之后的又一重大任务。由于您在最高国务会议上曾提到要尽快解决运载工具问题，由于人造卫星与洲际导弹有密切关系，它的发射可以配合洲际导弹的发展，本身又可以为国防服务，并带动我国尖端科学技术，我特向中央领导提出这个建议。如果中央领导决定了发射卫星的计划，在国防科委及国家科委的领导下，军民合作，大力协作，像21号任务那样，把科学院、有关院校及工业部门力量组织起来，相信一定可以提前完成国家这一重大科学任务，争取在中华人民共和国成立20周年前放出第一颗人造卫星，并把我国尖端科学技术带动起来。

周总理在接到赵九章的信后，立即批转聂荣臻副总理组织有关人员研究论证。

1965年1月6日，赵九章与中科院自动化所党委书记兼副所长吕强，联名向中国科学院党组递交了一份更为详细的报告，建议尽快加速发展人造卫星的步伐。

那些日子，钱学森也在筹谋人造卫星的工作，结合我国科研的具体情况，写出了一份人造卫星研制计划的建议：

自苏联1957年10月4日发射第一颗人造卫星以来，中国科学院和国防部第五研究院对这些技术都有过一些考虑，但未作为一项研制任务。现在看来，弹道导弹已有一定基础，如进一步发展，即能发射携带仪器的卫星，计划中的洲际导弹也有发射卫星的能力。工作是艰苦复杂的,必须及早开展有关研究,才能到时拿出东西来。因此,建议早日主持制定研究计划,列入国家计划,促其发展。

……

聂荣臻立即在钱学森的建议上作了批示:

  我国导弹必须有步骤地向远程、洲际和人造卫星发展,这点我一直很明确。人造卫星早有过考虑,但过去由于弹道式导弹还未搞出来,技术力量安排上有困难,所以我一直未正式提出这个问题。钱学森这个建议,请张爱萍总长邀请钱学森、张劲夫等有关同志及部门座谈一下,只要力量可能,就要积极去搞。步骤上,还是先把中程导弹搞出来,作为运载工具。头部(卫星)要与中国科学院结合起来,充分利用地球物理所及搞探空技术的力量。如何分工,请在座谈会上研究一下。可考虑卫星以中国科学院为主进行研制。

1965年3月,张爱萍主持召开发展我国人造卫星的可行性座谈会,张劲夫、钱学森、赵九章、孙俊人、钱骥等专家学者一致认为,我国目前技术基础已经具备,研制和发射卫星在政治上、军事上和科技上都具有重要意义,这件事必须尽快去做。4月29日，国防科委根据各方的讨论意见，形成关于1970—1971年发射我国第一颗人造卫星的报告，正式报告中央。中央接到报告后，罗瑞卿受周恩来委托，邀请有关专家对报告作了进一步分析研究，认为国防科委的报告切实可行。

5月，该报告在中共中央专门委员会第十二次会议上获得批准，并责成国防科委具体组织协调。

中国第一颗人造卫星研制任务正式启动。

7月，中科院向中央报告《关于发展我国人造卫星工作规划方案的决议》，决议提出了中国发展空间技术的指导原则：

1. 以我为主，走自己的路。根据我国自己的需要来确定卫星种类，根据我国特殊条件来确定技术路径。赶超问题要以解决自己的需要为衡量标准；

2. 要大力协同，充分发挥社会主义优越性；

3. 卫星工程综合性强，协助面广，必须统一领导，集中管理；

4. 人造卫星要采取由易到难，由低到高，循序渐进，逐步发展的方针。首先以科学试验卫星开路，然后再发展以返回式卫星为重点的应用卫星系列；

5. 发射卫星的运载工具，在初期以中远程火箭为基础，进行适当修改配以专门研制的末级火箭发动机而成，下一步再发展大推力运载火箭；

6. 第一颗人造卫星和初期卫星的发射，应利用已有的火箭发射试验基础，同时要在适当地点建立新的发射场；

7. 地面观测系统研制周期长、工作量大，必须分期建设，以近为主，远近结合。

8月中旬，中国科学院决定立即成立三个组织：卫星任务领导小组，组长谷羽，副组长杨刚毅、赵九章，共12人；卫星总体设计组，组长赵九章，副组长郭永怀、王大珩，共11人；卫星任务办公室，主任陆绶观。为了保密，考虑到周总理对赵九章信的批示时间为1965年1月，将此项任务作为1965年第1号任务，代号为"651"。

1965年10月20日至11月30日，受国防科委委托，中国科学院主持召开了我国第一颗人造卫星总体方案论证会。参加会议的有中国科学院、第七机械工业部、第四机械工业部及有关的13个研究所的代表，以及国防科委、国防工办等有关部委领导机关的代表，共120余人。赵九章在会上报告了我国第一颗卫星的总体方案（草案），钱骥报告了我国第一颗卫星的本体方案（草案）。

这次会议最后形成了总体方案、本体方案、运载工具方案和地面观测系统方案4个文件稿，还汇总了27个专题材料。会议确定，我国第一颗人造卫星为科学探测性质的试验卫星，具体任务是：测量卫星本体的工程参数，探测空间环境参数，奠定卫星轨道测量和无线电遥测遥控技术基础。

　　这期间，中科院委派钱骥等人带着方案直接向周恩来总理汇报情况。会议上，钱骥身上穿的棉衣破了，露出了棉絮，他来不及回家换衣服，就向同事借毛衣。潘厚任正好有一件驼色毛衣，那还是三年困难时期在研究室里抓阄抓到的"毛衣票"，花了半个月工资买的出口转内销"高级品"。这件毛衣救了钱骥急。第二天，还毛衣时，钱骥还透露了点秘密："见到总理，自己有些紧张。汇报前，总理拿着名单认人，点到我的名字时，他一语双关，风趣地说：你也姓钱啊，我们的卫星总设计师也姓钱，看来我们搞原子弹、导弹和卫星，都离不开钱啊！总理这一说，大家哈哈大笑，我也就不紧张了。"

　　中科院副院长裴丽生做了会议总结报告，会议对发射第一颗人造卫星的进度作了部署：

　　　　大家考虑到我国目前的科学技术水平和工业生产水平，也考虑到再经过几年努力可能达到的发展前景，一致认为争取于1970年左右发射第一颗人造卫星是完全可以做到的。如果我们的力量组织得更好一些，同现有的基础和与此相关的国家任务（如运载工具等）结合得更密切一些，还有可能提前完成。会议期间，与会同志在考虑进度问题上，一方面严肃谨慎，实事求是；另一方面又都抱着雄心壮志，力争提前完成任务，生怕落在别的部门之后，拖了后腿。这种情况是令人振奋的。根据大家的意见，为了实现于1970年发射第一颗人造卫星的任务，总的进度要求是：于1969年左右完成发射的一切准备工作。在1969年以前各年度的进度、运载工具、卫星本体和地面观察系统各部分可能还有错综之处，大体提出如下要求：

1.1965—1966年：完成方案论证工作。在设计工作、加工条件、试验设备、地面台站地址选择、基本建设等方面，做好全面规划与安排，为以后大规模地展开研制工作打好基础。

2.1967—1968年：争取基本上完成各项研制工作，并利用"和平一号"对卫星本体进行直上直下的飞行试验，对地面系统进行初步的或部分的联合运转试验。在若干关键性技术上努力争取过关。

3.1969年以前：根据卫星本体飞行试验和地面系统初步运转测验的结果，对各个系统进行改进，完成发射前的一切准备工作。

上述进度计划的安排是有可能做到的。应尽量争取各项工作提前完成，以便有更多的时间进行必要的改进与调整工作，使发射更有把握。

国防科委副主任罗舜初还透露了中央的意思，第一颗卫星"必须首先考虑政治影响"，争取一次成功，无论如何不要闹大笑话。在现有条件下，尽最大力量，争取比苏、美第一颗卫星在某些方面先进，不一定全部先进。一定要贯彻毛主席"初战必胜"的战略思想，第一仗打胜了，就能够鼓舞士气，第二仗就好办了。会议闭幕时，他满怀深情地说："赵九章、钱学森两位先生在1958年、1959年就提出了发射卫星的建议和设想，没有他们的努力就不会有今天的结果。"

1966年1月，中科院组建成立卫星设计院，对外称科学仪器设计院，代号651设计院，赵九章任院长，钱骥任副院长。

651设计院的主要技术力量由地球物理研究所二部第一研究室和力学研究所闵桂荣负责的研究室组成。卫星总体设计组在原有基础上进行改组，胡海昌为组长，何正华为副组长，成员有胡其正、潘厚任、陈宜元、周同灏、曲广吉等。在赵九章和钱骥等主持下，全面开展卫星的方案设计，拟定各分系统的设计指标，组织协调分系统的设计和研制工作。

钱骥带领十几位技术骨干开始紧锣密鼓的准备，他们在原有基础上，只用了10天时间，便拿出了第一颗人造卫星的外形图、卫星结构布局图、卫星轨道运行图以及卫星分系统组成表。

卫星初步方案出炉后，给卫星冠个什么名字，众议不一，总体组副组长何正华建议：第一颗卫星为一米级，命名为"东方红一号"，并在卫星上播放《东方红》乐曲，让全世界人民听到。大家一致赞同。

兹事体大，一级一级上报。

刘华清（时任国防科委副主任）回忆：

"东方红,太阳升",这支歌当时人人都会唱,到处都在唱。因此,卫星也被命名为"东方红"。按说寓意很好,毛主席像太阳,人人敬仰;同时,从地理看,中华民族也生活在世界东方。这个命名很明显,突出了政治意义。可是,当时的特殊政治环境,带来了人们特殊的心理状态。"东方红"用在卫星身上,引起了争论,这里潜藏着一种非常敏感的政治风险。

人们的担心是给卫星起名"东方红",如果成功了,当然皆大欢喜;但是,一旦失败摔下来,可能就是一场"政治"事件。还有卫星上天后,会奏响"东方红"的旋律,一旦因电池寿命等技术原因,旋律停了或者跑调,可能也会追究是否故意给社会主义"抹黑"。

在今天看来这可能有点天方夜谭,但在那个年代,这并非胆小或无的放矢,类似的"政治事件"曾经多次发生。

两种意见,怎么办?最后,我支持主张原方案的名字,卫星还叫"东方红"。

继两弹结合飞行试验成功后,我国又于 1967 年 6 月 17 日在罗布泊上空成功爆炸了氢弹,进而完成了实战化的研制程序,并将氢弹核武器配装上中远程导弹,使我国成为国际上具有一定核打击、核威慑力量的国家。

正当我国第一个航天工程进入技术攻关阶段，卫星本体、运载火箭和地面观测三大系统的研制工作取得可喜进展时，"文化大革命"发生了，且愈演愈烈。人造卫星的研制工作遭到极大干扰，处于半停顿状态。

为了迅速扭转这一局面，聂荣臻同周恩来商量，考虑一个更全面的国防科研组织机构的计划，把国防科技力量调整改组为18个研究院的方案，其中第五研究院名称"人造卫星、宇宙飞船研究院"，即空间技术研究院。聂荣臻给中共中央写了《关于军事接管和调整改组国防科研机构的请示报告》。

1967年3月，经毛泽东批准，中共中央、国务院、中央军委联合发布了对相关国防科研机构实施军事管制的决定。

军事管制是对国防科研的保护，更是对科技人员的保护。

难能可贵的是中国航天人，在那个特殊的岁月里，忍辱负重，砥砺前行。

我国第一颗人造卫星和其他航天器的研制，分散在中国科学院、七机部及其他一些部门，这给组织领导和统一调度带来了诸多不便。聂荣臻听取了钱学森关于组建"人造卫星、宇宙飞船研究院"问题的汇报。为保住空间技术队伍，让第一颗人造卫星研制工作继续进行下去，转入加强领导、统一规划和集中力量攻克技术难关的正常轨道。1967年6月27日，中央军委果断决定将现有分散的科技力量集中起来，筹建中国空间研究院，该院列入国防科委建制。

国防科委立即成立中国空间技术研究院筹备处，组织有关部门讨论了组建方案，最后决定：以中国科学院所属的相关单位为基础，再从七机部抽调部分技术骨干，共同组建中国空间技术研究院。

1968年2月20日，经中央批准，中国空间技术研究院正式成立。其任务是全国空间技术研究中心，负责国家空间技术的抓总工作。七机部副部长钱学森兼任院长。

第五章

重 任

钱学森抱着"我相信我能帮助我的祖国"的信念回到新中国，他意气风发，准备大干一场。但当时中国经济落后和工业薄弱的现状，却大大出乎钱学森的意料。有着长期在国外经历的钱学森，深知高科技是等不来的，特别是国防建设。尽管当时苏联承诺给予援助，但是这种援助也是有条件的。以我为主，自力更生，钱学森以自己的远见卓识和非凡智慧，带领刚刚组建的航天队伍白手起家，突破了诸多难关，成功仿制近程导弹，并开始研制战略导弹。

历经千辛万苦，中国终于有了自己研制的导弹。中央审时度势，决定开展人造卫星的研制工作。

此时此刻，仰望星空，钱学森感到压力巨大！

据统计，1957年，全世界有2颗卫星上天；1958年，全世界有 8 颗卫星上天；1959 年，全世界有 14 颗卫星上天；从 1962 年起，全世界每年发射的卫星总数超过 100 颗。特别是美、苏两国竞争激烈，1968 年，美国有 74 颗卫星上天，苏联发射了 84 颗。

这些卫星绝非上天旅游！

然而此时，太空中还没有一颗中国卫星。

钱学森领受了任务后，首先想到的是应该建立卫星总体设计部。要将一颗卫星从地上发射到天上，是一个庞大而复杂的系统工程：从研制到生产，从生产到发射，从发射到测控，环环相扣。总体设计部就是这个庞大而复杂工程的参谋部，钱学森认为总体部的负责人知识面要广，既懂工程上的问题，又要有比较广博的科技知识，同时，还要有一种担当精神，要能承担得起解决第一颗人造卫星工程的综合组织管理和实施的重担。

谁来担任卫星总体设计部的负责人？钱学森在脑子里过"电影"，这几年，通过"1059"、东风二号、东风二号甲型号的实践和锻炼，一分院已经聚集了一批人才。特别是一些年轻、优秀的科技工作者已经脱颖而出，成为中坚力量。

经过深思熟虑，钱学森的目光最后落在了孙家栋身上——通过近 10 年的锻炼、考察，钱学森对这位毕业于苏联茹科夫斯基空军工程学院的年轻人，已经十分熟悉和了解。他也一直给孙家栋"加码"，从总体主任设计师，到总体设计室主任，再到总体部副主任。孙家栋才思敏捷，能吃苦，有创意，在仿制"1059"、中近程导弹改型设计和我国独立设计的中程地地导弹工作中，充分显示出他的专业水平和较强的组织能力。

此时，孙家栋刚满 38 岁。将我国第一颗人造卫星总体设计的重担压在他的肩上，是不是分量太重了？钱学森不由得想起了自己的青年时代，想起了恩师冯·卡门。1938 年，由于恩师的提携，师生共同完成了《可压缩流体的二维亚声速流动》论文，建立起了世界闻名的"卡门—钱近似公式"，使得他在 29 岁时，便成为世界知名的空气动力学专家。1947 年，自己 38 岁，也是孙家栋这个年龄，被麻省理工学院破格提升为终身正教授，冯·卡门在推荐信中写道："钱博士在应用数学和数学物理解决气体动力学与结构弹性方面的难题上，绝对是同辈中的佼佼者……他人格成熟，堪当正教授之责，也是一位组织能力极强的好老师。"

38 岁的孙家栋，正处在科研的黄金年龄，是应该让这位德才兼备的年轻人挑重担的时候了。

1967 年 7 月 29 日，烈日当空，京城高温，马路两旁的树叶都被晒蔫了。

一辆北京吉普车从友谊宾馆出发，冒着烈日，穿过市区，直驶南苑中国运载火箭研究院一分院。

吉普车停在总体部前，一位军人跳下车，敲开了孙家栋办公室的门。

孙家栋穿着件背心，脖子上搭着条毛巾，满脸汗水，正趴在图板前画图。他一见来了位陌生的军人，客气地问："同志，你找谁？"

"孙主任，"军人自我介绍，"我是国防科委的汪参谋。"

"哦，汪参谋，有事？"

汪参谋说："科委的张守刚局长要向你传达上级的指示，让我来接你。"

孙家栋一听科委的领导找他，把图纸收好放进保险柜里，跟着汪参谋上了车。

汪参谋把孙家栋带到空间技术研究院筹建处的临时办公地点友谊宾馆。

张守刚握着孙家栋的手，开门见山："家栋同志，告诉你一个好消息，我们国家已经开展了人造卫星的研制工作，为了加强领导、统一规划、集中力量攻克技术难关，确保这个项目顺利进行，中央已确定筹建中国空间技术研究院，由钱学森同志全盘负责人造卫星的研制和发射工作。钱学森同志向聂荣臻元帅推荐了你，根据聂老总的指示，上级决定调你来负责我国第一颗人造地球卫星的总体设计工作。"

"让我来负责造卫星？"事情来得太突然，孙家栋一点思想准备都没有，他愣了一下，不知该怎么表态。

张守刚又向孙家栋介绍了组建卫星总体部的具体意图，要求他尽快到位。

回家路上，孙家栋感到浑身热血奔突。这几年，听说过关于人造卫星的一些"小道消息",但没有想到中央决定立马上人造卫星项目,消息实在令人惊喜。更没想到组织上会让自己改行搞卫星,而且还要负责主体设计工作,不由得似有千斤重担压了下来。但一想到是钱院长向聂荣臻老总推荐了自己,又觉得义不容辞。那个年代,他们这一茬知识分子,绝对服从上级命令,组织决定,就是自己不二的选择。

回到家,他没敢告诉妻子魏素萍这件事。妻子见他进门时,眯缝着眼,喜滋滋的,猜想一定有什么好事。不过,她知道孙家栋的嘴严得很,不该说的绝对不会说。记得刚结婚时,有一天,她问他:"家栋,你们这个单位到底是个什么单位,连个名称都没有,只用个'信箱'代替,难道你们就住在信箱里?到现在,我也不知道你是干什么的。"孙家栋一下子严肃了起来,说:"这个现在不能告诉你,将来也不能告诉你,你要做好这个思想准备,以后别再问了。"魏素萍不解地瞪大双眼:"有这么保密的吗?"此后,凡是工作上的事,魏素萍再也不去打听,这已经成了夫妻间的一种默契。

夜里,辗转反侧,孙家栋久久无法入眠。他索性轻轻地起床,走到小阳台上。抬头望,只见夜空深邃,群星灿烂。孙家栋想,在那些闪闪烁烁的星星里,或许就有苏联和美国的人造卫星……至今,天上还没有一颗"中国星",我们落后了,中国航天人必须奋起直追……

这是孙家栋科技人生第一次肩负重担!当时既感到压力很大,又非常兴奋。一个科技工作者可以用自己的专业服务于自己的国家，那是一种机遇，更是一种使命。

3天后，孙家栋走马上任。

当时，他就抱着一个信念："国家需要，我就去做！"

钱学森亲自找他谈话。

"任务都知道了吧？谈谈你的想法。"钱学森和蔼地说。

孙家栋面对自己非常敬重又有些敬畏的直接领导，坦陈胸臆："钱院长，没想到国家这么快要上卫星工程，哎呀，真是高兴啊。不过，我学的是航空专业，进院以后，只干过导弹的总体设计。人造卫星别说没接触过，见都没见过，也不知道它长什么模样。现在要我挑这么重的担子，觉得压力太大了！"

钱学森笑了，"要说压力，我的压力比你大得多，我也没有接触过卫星啊。中央要我负责卫星、运载火箭和地面系统三个方面总的技术协调和组织实施工作，你说我的压力有多大？不过，周总理把这副重担压在我的肩上，压在我们大家的肩上，我体会是国家对我们科技工作者高度的信任。"

孙家栋点了点头。

"家栋，我知道你的能力。"钱学森鼓励道，"你只管集中精力大胆工作，如果有什么考虑不周的，首先是我考虑不周，责任在我不在你。如果失败了，你总结教训，我承担责任，明白吗？"

孙家栋脸上露出刚毅的神色。

钱学森又说："你要大胆地开展工作，如果在执行中遇到阻力，有不服气、不服从的，你可以说是经过我钱学森同意的。明白吗？"

"明白！"一股暖流涌上孙家栋的心头。

如果说过去的经历都是一种铺垫的话，那么，孙家栋的人生传奇便是从这时候开始的……

中国科学院已经对第一颗人造卫星做了大量的前期准备，打下了重要的基础。但孙家栋深知，航天工程是个团队工程，要完成如此重大工程，需招兵买马，集结各路精英，同心协力，攻坚克难。

当时航天系统两派群众组织正打得不可开交，而研制卫星的技术人员两个组织中都有。如何调集人马，困扰着孙家栋。

孙家栋找到钱学森，说："钱院长，时间不等人，我建议得抓紧建立机构，调集人员。"

钱院长马上表示同意："先要把台子搭起来，才好唱戏。可以以中国科学院的专家队伍为主，他们原先是搞卫星的，已经打下了一些基础；再从七机部抽调一些搞导弹的专家，尽快着手组建卫星总体设计部。"

孙家栋说："那我们先下个通知，让各单位推荐人员。"

"这个办法不行。"钱学森说，"现在各单位都在闹派性，各单位都有优秀人才，一听说要搞人造卫星，两派都想参加，哪一派都想多选派自己的人，两派之间如果找不到平衡点，到时候'造反派'肯定要闹。还有你让人家推荐，人家推荐了，

第五章 重 任

你不满意，有什么理由给退回去？"

"那怎么办？"

"你自己先做些调研，统筹考虑一下，提出个名单，再研究确定。"

"我提名单，行吗？"孙家栋有些犹豫。

"对，你选人，你提名单？"钱学森说，"以后你要主管总体设计部，你知道需要用些什么人。所以，还是要由你先提出个名单来。"

孙家栋心里踏实了，既然领导这么信任，给予自己这么大的权力，他便放开胆子，干脆什么派也不考虑，而是从国家的卫星任务出发，只考虑不同的专业类型和个人的技术特长，经过两个月的调研，最后选定了18人。名单报给钱学森，又很快得到聂荣臻的批准。后来这18人被称为"航天18勇士"，他们是：

戚发轫 沈振金 韦德森 张福田 彭成荣 尹昌隆
朱福荣 孔祥才 王 壮 杨长庚 王大礼 张荣远
刘泽光 郑忠琪 林殷定 鲁 力 王一方 洪玉林

出乎意料的是，当名单下达到七机部和中国科学院时，听说选调的人员准备去干卫星工程，不仅不敢阻拦，两派群众组织都敲锣打鼓举行欢送仪式。

有了"18勇士"，总体部的大旗竖起来了。

钱学森非常关心卫星总体设计部的工作，坚持每周都要到总体部了解情况，与大家一起研究重大的技术问题。

刚开始的这支人马，一部分来自七机部一院，包括孙家栋在内，他们都参加过一院主持的几个型号的导弹研制，有工程实践经验，但对人造卫星的理论基础比较缺乏；另一部分人员来自中国科学院，基础理论和科研能力是他们的强项，但工程实践是他们的弱项。必须尽快将两支队伍融合在一起。当时对卫星的总体方案有两种思路：第一种是按照科学院的原定方案，把卫星做成科学探测卫星；第二种是把卫星搞成工程卫星。前者要装姿态控制系统和多项科学探测仪器，技术复杂；后者则简单多了，不上任何探测器。只要把卫星送上天，就说明我们掌握了火箭、卫星、测控、靶场、地面环境等一整套卫星工程技术，就算工程考核成功了，可以打90分了。

两种意见上报后，聂荣臻指示："尽量简单，尽快上天，达到基本目的，掌握技术。"

复杂问题简单化处理，也是一种方法。孙家栋带领总体部对卫星原方案做了大胆的修改简化：卫星分系统由原来的9个简化为7个；能源系统只采用银锌化学电池组供电的方案，去掉太阳能电池加镉镍电池供电部分；去掉科学探测系统和遥感系统；去掉姿态控制部分，只保留姿态测量用的红外地平仪和太阳角计。最后东方红一号的分系统是：结构、温控、能源、《东方红》乐曲装置和短波遥测、跟踪、天线，外加姿态测量部分。

重新制定的东方红一号卫星的总体技术方案和研制任务书出来,孙家栋不免又有几分担心。作为一名科技工作者,他深知卫星上的每个系统,甚至于每个零配件,都凝聚着科技人员的智慧和心血,有的是经过几十次、几百次的试验才获得的,现在说去掉就给去掉了,遇到谁谁都会心疼,肯定会有不同意见。

孙家栋将总体方案报送给钱学森,一周后,钱学森告诉他:"方案我看了,基本可以了。"

孙家栋说:"院长,有些老专家还得您出面做做工作,请他们支持简化方案。"

钱学森好像早就意识到了这个问题,说:"现在的新方案不是废弃原方案,而是把原方案分成两步走,先用最短的时间把卫星送上天,先解决'有没有'的问题,在此基础上再发射更先进、更复杂的科学探测卫星。我想老专家们会理解的,应该可以形成共识的。"

1967年12月11日至16日,国防科委召开东方红一号方案修改论证会,200余人参会。在钱学森主持下,会议确定了第一颗人造卫星的总体技术参数和各分系统技术方案。确定这颗卫星的技术水平要高于苏联、美国的第一颗卫星;三级运载火箭的前两级用正在研制的中远程地地导弹改制,第三级为固体火箭。

周恩来总理在听取钱学森汇报东方红一号有关情况时,

提出了一个关键的问题：卫星升空后，究竟用什么来证明它确实是发射上天了呢？比如，原子弹爆炸之后人们能够看到蘑菇云，但是宇宙空间那么大，用什么来向全世界证明中国的第一颗人造卫星发射成功了呢？

苏联第一颗卫星的呼叫信号是时隐时现、滴滴答答的电报码，遥测信号不连贯而是间断的。总体组在做方案时，认为应该有别于苏联，甚至要超过苏联。它应该发出一个连续的信号，或是一种什么声音，最好是老百姓所熟悉的。在那个"政治高于一切"的年代里，如何通过发射卫星去突出政治呢？因为这是中国的第一颗人造卫星，必须彰显无产阶级文化大革命的伟大胜利，从而大长无产阶级志气，大灭资产阶级威风，给帝、修、反一记响亮的耳光。然而，这却把专家们难住了，大家开了多次会议进行研讨，还是找不到一个好办法。后来，一位刚出差回来的专家说："我昨天在北京站听到《东方红》的乐曲，非常棒！咱们在卫星上安装一个装置，让它在天上向全世界播放《东方红》乐曲，这不就是最大的讲政治吗？"让全球响彻"东方红，太阳升，中国出了个毛泽东"的声音。这个主意好，当时没有什么声音能超过《东方红》，没有什么比《东方红》乐曲更能代表中国，代表老百姓的心声，大家一致表示赞同，一个非常棘手的问题解决了。

钱学森对孙家栋说："按照中央领导的指示要求，我认为我国第一颗人造卫星总体技术方案，可以概括为'上得去，抓得住，听得到，看得见'。假如这12个字做到了，就意味着我们国家突破了发展航天最基本的技术。"

"上得去,抓得住,听得到,看得见。"孙家栋轻声重复了一遍。

钱学森解释,上得去,就是说火箭能将卫星送到太空;抓得住,卫星上天了,地面能够控制得住;听得到,卫星播放的《东方红》乐曲能让地球听到;看得见,指在特定的时间段,地面能看得见卫星。

孙家栋点了点头,说:"院长,我明白了。"

兵马齐聚,方案已定,却又遇到一个迫在眉睫亟需解决的问题——总体方案有了,还需要领导拍板批准了方可实施。过去,只要聂荣臻签名,批上"同意"两字就行了。可此时,聂荣臻被扣上了"二月逆流"的帽子,靠边站了。谁能签字批准?

孙家栋没去找钱学森,他觉得这件事钱学森说了恐怕还不算数,告诉他反而让他为难,他不想再增加他的负担。可是应该找谁呢?时间不等人,我们被耽误的日子太多了。那几天,孙家栋自己苦苦在想着这件事,突然,他想到了一位领导——国防科委副主任刘华清。虽然与刘华清没有交往过,但听过他作的报告,觉得他是个有水平、敢担当的领导。对,应该找他去!也不知道哪来一股勇气,打听到了刘华清办公的地方,孙家栋直接找上门去。

到了刘华清办公室门口,孙家栋又有几分犹豫,觉得自己实在有些太冒失了。不过,已经走到这一步了,还犹豫什么?

孙家栋敲开了刘华清办公室的门，自我介绍，送上了报告和方案，刘华清看了后，笑着说："小伙子，你们怎么把这个送给我啊？我不懂卫星，也不分管这项工作，这怎么办？"

孙家栋直率得近乎不讲理："首长，今天您懂也得管，不懂也得管。你们领导定了，拍个板，我们就可以继续往前走了。否则，那么多人在干等着，白白浪费时间，着急啊！"

刘华清尽管不分管卫星这一块，但他对基本情况还是大致了解的。卫星工程是党中央、毛主席定下的重大工程，兹事体大，不能再拖，总得有人来承担这个责任。刘华清思考了片刻，问孙家栋："这个方案，你们有把握吗？"

孙家栋信心满满地回答："有把握！"

刘华清拿起桌子上的笔，说："小伙子啊，你们做得对，这件事不能再拖了。文件我给你们签了，不过咱们把话说在前头，技术上你们负责，其他问题我负责，我拍板。"

事后，刘华清将卫星方案简化情况报告了聂荣臻，聂荣臻也批准了，卫星计划才得以继续进行下去。刘华清说："当时这么干，除了有一种强烈的责任感外，也有一点傻大胆的味道。"

孙家栋拿到刘华清批示，立即赶回总体部，同事们一见国防科委领导的批示，有些不敢相信，开玩笑问："孙总，你是不是有什么背景啊？"孙家栋也笑了："我还能有什么背景，人一着急，胆子也就大了，顾不上想很多了。"后来，此事一传再传，传出了各种"版本"：有说"孙家栋吃了豹子胆，夜闯'刘宅'";有说"刘副主任不知道该签还是不该签,正在犹豫,孙家栋急了:首长要是不签,我就住在首长家。"孙家栋听说后,眯缝着眼笑着,也不作解释。

钱学森也很高兴,对其他院领导说:"看来,把孙家栋找来还是对的,他的确敢干事,会干事。"

第六章

上得去，抓得住，看得见，听得到

中国工程院院士、载人航天总设计师、当年的"航天18勇士"之一戚发轫说："（发射东方红一号卫星）孙家栋最大的贡献是，作为顶层设计，他把当时科学家们做得非常先进、复杂的卫星，简化成满足中央的要求'上得去，抓得住，看得见，听得到'。"

"上得去，抓得住，看得见，听得到。"

12个字，简单明了，但真正做到，难，难，难！

钱学森告诉孙家栋："家栋，我想提醒你的是，我们搞卫星这样的尖端科学技术，强调自力更生，首先要考虑一切从中国的实际出发，还要有明确的实际应用价值。就如我们的火箭水平如果达不到一定程度的时候，还谈不到卫星。只有按照从导弹到运载火箭再到卫星，这么一个客观步骤，才能做出可行的下层总体技术方案。"

钱学森再三强调:"这就是我国第一颗人造卫星作为'政治星'的特殊要求。"

"上得去"是依靠运载火箭,当时东风二号已经发射成功,这个问题基本解决了。

"抓得住,看得见,听得到"成为孙家栋和卫星研究人员面临的三大难题。

"抓得住"是指卫星升空后,地面要有一套无线电观测系统,通过这个系统时刻能测控卫星所在的位置。

负责这项工作的是陈芳允团队。

陈芳允1916年出生于浙江黄岩。父亲陈立信毕业于保定陆军军官学校,早年曾追随孙中山投身革命。他非常关注国家和民族的命运,曾对陈芳允说:"你一定要好好学习,我希望你将来不要想做大官,而是要做大事,要在社会上立自己的业绩。"这句话深刻影响了陈芳允的人生之路。1931年陈芳允入学上海浦东中学。1934年考入清华大学物理系。1937年,陈芳允进入西南联大就读。1938年毕业后,先留校任助教,后在成都一家军用无线电厂做技术员,研制发明了我国第一架无线电导航仪。14年抗战,他看透了国民党政府的腐败,无心为其服务。1945年恰逢英国工业协会来华招收留学生,陈芳允以优异的成绩被录取。在伦敦A.C.Cossor无线电厂研究室从事电视和雷达研究,参与了英国第一套海洋雷达的研究,取得多项科研成果。

1948年春，陈芳允带着世界第一流的电子工程技术回国。他不愿为国民党政府出力，托病休养。新中国成立后，陈芳允便参与中国科学院电子学研究所的筹备工作。

当时，发展原子能技术是中科院的重点工作，从苏联回来的钱三强筹建原子能所，力邀陈芳允加入。陈芳允认为电子所筹备一年，已具备一定的人员和仪器规模，停止了很可惜。他带着一部分人员合并到原子能所，主要负责研制原子能科研工作所必需的电子仪器设备，其他人员继续做电子学发展的几个重要方向。在此期间，他参与制定了《1956—1967年科学技术发展远景规划纲要（修正草案）》。1956年中科院组建电子所、半导体所、计算所和自动化所。陈芳允又回到电子所任脉冲技术研究室主任，开展毫微秒脉冲技术研究、机械单脉冲雷达研究。

1957年10月，苏联第一颗人造地球卫星成功发射，陈芳允和几位同事做了一台接收无线电信号的装置，及时对这颗卫星进行无线电多普勒频率的测量。他们根据接收到的遥测信号，测出卫星的多普勒变化，获知卫星运动的速度，计算出了卫星的轨道参数。这些宝贵资料，成为天文台人卫站对人造卫星无线电观测的基础，并成为此后我国发射人造卫星所采用的跟踪测轨技术参数的重要依据。

我国第一颗人造卫星研制工作正式启动，陈芳允担任卫星测量总体技术负责人，主管地面观测系统的设计、台站的选址和勘察以及台站基本建设工作。

陈芳允认为，对我国第一颗卫星来说，卫星发射上天后，有三点最为重要：第一，卫星是否已经进入运行轨道；第二，卫星的轨道是什么样的，是否符合预定的要求；第三，卫星运行中，什么时间到达什么地点上空的预报。

陈芳允和副手、光学专家王大珩带领团队经过大量的调查研究，认为卫星地面观测系统是一个应该包括光学跟踪系统、无线电跟踪系统、遥测系统、时间统一勤务系统、通信系统、控制计算机中心系统和发射安全系统等方面的大工程。当时已经积累了一些光学观测经验，但国内还没有无线电观测站。又经过反复论证，团队达成共识：无线电观测具有全天候观测等特点，其优点和发展前途大大胜于光学观测。他们将以无线电观测为主、光学观测为辅的卫星测控方案，上报中科院。

怎么测控入轨卫星，国内没有经验可循。陈芳允知道运载火箭将卫星送入预定轨道后，如果不能快速抓住卫星、控制卫星，获得所需要的数据，即便卫星上天也是前功尽弃。必须把卫星运行轨道的计算、测量和控制跟踪搞得一清二楚才行。陈芳允将它总结为"跟得上，抓得住，测得准，报得及时"。

然而，凭当时的条件，做到这"十二个字"非常难。

时任卫星轨道组副组长刘易成在回忆文章中写道：

人造卫星升空后，关键问题是对它在空间的位置和运行轨道要做到"跟得上，抓得住，测得准，报得及时"。然而，我国发射卫星的地理条件比苏联、美国都差，可谓天大地小。如苏联国土跨度近180度，我国则仅60度；美国建有地面站，条件更好。我国第一颗卫星从酒泉卫星发射中心向东偏北发射入轨后仅几分钟就飞出国境，要经过110分钟再次飞越国境时才能再看到。如果第一圈抓不住，测不准，美国设在日本的地面站就会测出我国卫星的轨道，算出它经过各地的时间，并抢先发布。这在当时就是政治上的失误；从技术上看，也是一个很大的缺陷。因此，研制适合我国"天大地小"国情的测轨定轨设备，至关重要。当时总体设计拟选用四种设备，进度要求1968年进入现场进行联网和空载试验。在1965年10月会议上落实时，其中光学电影经纬仪，由光机所研制，可以交货，但使用条件苛刻，如卫星升空后，必须千里晴空，升空时间必须只能是早晨或黄昏，否则难以观测；有源精密雷达测量，则需星载5厘米微波应答器，当时设想由院西南电子所研制，尚未安排，电子所负责研制的雷达整机，需要投入巨额资金和人力，进度还难以保证；比相干涉仪测量，由于一些技术问题，保证进度没有把握，投资也大；多普勒测速方案，1963年地球物理所二部孙传礼等已研制成功，用于电离层研究，有一定技术基础。

显然，多普勒比其他三种设备既经济又便于移动，且研制周期短。但怎样才能只用多普勒测速数据就能独立地、精准地算出满足发布公报要求的轨道参数来，当时尚无成熟的算法。方案论证会上30多位专家，经过20多天的研讨，仍无定论，成为当时的一个"卡脖子"难题。

刘易成也一直在苦思冥想中，一日，忽来灵感，跳出寻找几何关系的传统思路，直接从多普勒原理导出一组多站多普勒独立测轨方程，形成了打破常规的新方法。在11月23日的专家会议上，做了《多普勒观测系统的工作原理及在卫星入轨后迅速、准确测定其轨道的可能性》的报告，即只要用布于适当位置上的几个多普勒站，对卫星进行联合观测，用他的测轨方程，便能独立算出卫星的位置和运行情况的6个参数。报告引起与会专家的高度重视。

当晚，王大珩问刘易成："多普勒是测速，卫星位置你是怎么算出来的？"刘易成做了详细的解释。

第二天，陈芳允和王大珩把刘易成叫到一起，陈芳允高兴地说："你的这个办法非常好。"他们用这个办法算了3000多条模拟轨道，证明精度达到千分之二，求解的收敛性也很好，可以满足发布公报的要求。

陈芳允率领团队制定出了我国第一颗人造卫星的测控体制：在卫星上装载微波和超短波两种无线电设备，以实现地面对卫星运行轨道进行测量。测控系统主要利用多普勒测速器、单脉冲精密雷达和引导雷达等设备，实施测量数据和卫星轨道。而地面台站布局的关键点为卫星入轨点测量，在入轨点测量计算出卫星出轨后，卫星继续在轨道运行，待飞回到我国沿海可见范围进行第二圈捕获测量，便可精确计算出轨道数据，向全世界预报中国卫星飞经各地的时间。

当时，还遇到一个如何设置观测站的问题。受地域影响，陈芳允和团队意识到一定要适当选择站址，决不能让卫星"丢"了。考虑到卫星上天后第二圈在新疆上空，十多圈后，则转回到东部沿海。这样，在新疆西部、东北和胶东地区设观测站非常重要。此外，还考虑了因素，国防科委先后在西安、渭南、湘西、南宁、昆明、喀什等地建立卫星测控站。

渭南观测站建在郊区最高的一座山上，开始，上山的路还没修好，陈芳允带着几位技术员，坐着老百姓的牛车上山。

没有营房，他们借住在小学教室里。"文化大革命"连偏僻的农村小学也停课了，大家把课桌搬在一起，成了两排通铺。有人轻声说："没想到这里条件这么差！"

陈芳允说："创业时期，条件差就将就点儿。再说了，就是住山洞，'臭老九'也觉得比在北京舒服！"

寒风呼啸，雪花飘飘。在小教室里，陈芳允他们披着大衣，在微弱的烛光下，写写算算。中国第一颗人造卫星尚未升空，陈芳允和他的同事们，已经着手描绘中国航天测控网的蓝图了。

我国第一代多普勒测速器由中科院地球物理所完成，地面跟踪台站和通信联络也由国防科委、邮电部和总参通信部协同完成。

陈芳允回忆说：

在卫星测控中，我思想上有几条原则：第一，设备要有高的效率，但是也要尽量地简化，从国家的经济和人员的情况看，尽可能快地建设自己的测控网。提出的新方法更要考虑是否比旧的方法效率更高，效费比更高。第二，结合中国的条件考虑，必须要求仪器效果不低于人家，但是要想法以中国的条件来达到。当然，如果有些新的元部件，也可以自己做。我头脑中一直有一个念头，既然我也学了这些知识，我们应该有自信，只要干就不会比人差。

东方红一号发射时，陈芳允在科学院上海科仪厂出差，研讨新的测量设备。一天晚上，他们几位同事走在街上，忽然听到我国成功发射人造地球卫星的新闻公报，并传来了《东方红》的乐曲声。他们设置的测控系统成功了。站在黄浦江畔，大家抬头仰望长空，寻找那颗会"唱歌"的星星，激动不已。

陈芳允为东方红一号测控立下汗马功劳，是"两弹一星"功勋之一。

"抓得住"难题解决了，还有"看得见"和"听得到"呢。

按照总体方案，东方红一号是个直径1米的72面体。孙家栋问总体组副组长、学天文的潘厚任："咱们把这么个家伙送到天上,地面的人能不能看见?"潘厚任说:"我用直接和间接两种方法估算了一下,这颗直径 1 米的卫星,在天气好的情况下,它的亮度相当于七等星,而我们的眼睛只能看到六等星,基本上看不到七等星。"

让上天的卫星"看得见",孙家栋将任务交给七机部第八设计院。

当时,孙家栋给出的条件十分苛刻:东方红一号卫星和运载火箭已经完成了初样试验,既要实现"看得见"这项技术目标,又不能改变卫星和火箭原来的技术状态。比如,设计出来的"观测体",重量上不得超过多少公斤;任意方向的投影面积不得少于多少平方米;反光率和反射系数要达到什么标准;使用寿命还必须保证在一个月以上等等。

领受这一任务的技术员沈祖炜,当时只有 27 岁,还是个普通技术员。他知道这是件"大活",立即和几位同事开始调研。他们做了一个又一个方案,却一一失败了。眼看着时间一天天过去,他茶不思饭不想,压力太大了。

那天,下着小雨,出门时,沈祖炜看见身旁一位姑娘打开一把折叠伞,他眼前一亮,好像获得了什么灵感。当时,折叠伞还是个时髦的物件,他追过去问姑娘伞从哪买的,姑娘告诉他只有王府井百货大楼有时才卖这种伞。沈祖炜急忙乘公共汽车赶到王府井,正好百货大楼在卖这种折叠伞,他赶紧买了一把,如获至宝带回家。打开,收拢;再打开,又收拢。他兴奋地说:"有了!有了!"

第二天，沈祖炜将折叠伞带到办公室，当着同事的面打开又收拢，再打开，再收拢。几位同事被弄得有些莫名其妙，沈祖炜把自己的想法一说，大家也觉得很妙。受折叠伞的启发，设计人员巧妙地在末级火箭上加装了一个像"折叠伞"一样的"观测裙"，俗称"围裙"。这是一个直径4米、具有良好光学反射特征的球状体，可大面积反射太阳光，从而达到二三等星的亮度。这样，地面上的人看见"围裙"就如同看见卫星。在卫星发射阶段，"围裙"像折叠伞一样收拢起来，呈折叠包裹状态，固定在末级火箭整流罩内。卫星入轨后，按预定程序解锁、释放，在与卫星分离的末级火箭自旋转（180转/分）离心力作用下，"围裙"随之展开成球状，并锁定成稳定状态。

但是，这把特殊的"折叠伞"（"围裙"），拿到真空条件下做试验时，只要它一旋转起来便被甩成一团，怎么也打不开。为此，设计人员综合考虑构件重量、刚度、强度、启动力之间的矛盾关系，大胆改换构件材料以及采用压缩气体作为弹射动力的方案，与工艺人员、工人师傅日夜奋战，解决了构件超重的问题。

光有"围裙"还不行，"围裙"的材料要有很高的反光性能，还必须能抵抗太空的温差和辐射，柔软并且容易包装。沈祖炜他们在北京找了好几家纺织厂，看到的材料都不理想。听说上海有一家工厂研制出一种新材料，他们连忙赶到上海，终于找到了又轻又薄的聚酰亚胺绸。然后再将这种材料放在真空箱里镀铝，这种新材料的表面就像镜面一样可以反光，在-269℃的环境里，还能保持其柔软性。

试验那天，孙家栋赶到现场，只见操作员启动电钮，顷刻，4根弹射杆同时弹出，将绕成环状的"围裙"拉开，在旋转产生的离心力的作用下，"围裙"倏地膨展开，形似莲花，又像宫灯，大面积反射太阳光，闪闪烁烁，耀眼夺目。

"太棒了！"孙家栋禁不住赞道。

东方红一号升空后，这个凝结着科技人员心血和智慧的"围裙"，伴随着卫星，以相似的速度，在同一轨道上运行，在晴朗的夜空，恍若一颗亮晶晶的星星。

最后只剩下一道"听得到"难题了。

苏联的第一颗人造卫星的呼叫信号是滴滴答答的电报码，比较简单。东方红一号卫星要播放《东方红》乐曲，政治站位高，但难度也增大了。首先必须解决天上的卫星是播放《东方红》全曲，还是只播放部分音节？两种意见，都有理由：一种意见认为《东方红》表达了中国人民对伟大领袖的无比崇敬和深厚情感，必须播放全曲16节；另一种意见认为播放全曲，技术上无法保证，只能播放《东方红》乐曲前8节。按第一种意见办，政治需要满足了，技术上却难以实现；若按第二种意见办，技术上满足要求，但政治风险大，如果有人把只播放前8节音节，看成是"断章取义"，歪曲《东方红》乐曲，这个"帽子"扣谁头上都受不了。

钱学森，这位世界级的大科学家，双眉紧蹙，苦思冥想，无法破解这道政治题。

难题报到国防科委，国防科委也不敢决定。

最后，聂荣臻、周恩来定夺，批准卫星只播放《东方红》乐曲的前8节。

根据设计要求，当卫星环绕地球上空时，要让世界人民特别是亚非拉人民用普通收音机都能收到《东方红》乐曲。

这实际上就是直播卫星的概念，但当时我们还不掌握这项技术。技术组的技术员，从商业部一个库房里借来了当时国外最先进的各种收音机，他们一一测试了各种收音机的灵敏度，再反过来推算卫星需要发射的功率有多大，这一推算发现，如果想让普通收音机收到卫星发出的信号，卫星必须装载大功率发射机才行。这样，卫星的总重量将超过一吨，而当时火箭的运载力根本达不到。唯一的办法是通过地面站转播。后来，各地从广播里收听到的《东方红》乐曲，就是地面跟踪站接收了卫星信号后再转发出去的。

如何奏出清晰、悦耳、动听的《东方红》乐曲，任务交给了中国科学院遥控室的助理研究员刘承熙。

刘承熙是江苏无锡人，少时喜好音乐，1952年考入南京工学院，1956年毕业后被分配至中国科学院自动化所。后又任中国科学院遥控室业务秘书、党支部副书记。"文化大革命"开始后，造反派说他只"专"不"红"，是修正主义的苗子，让他"靠边站"。一天，接到通知，由他负责组织几个人，完成东方红一号卫星在太空播放《东方红》乐曲的任务，正无所事事的刘承熙，领受了任务，大喜过望。

一想到东方红一号的《东方红》乐曲是要向全世界播放的，刘承熙心中便涌起一股豪情。但模仿什么乐器的声音最悦耳动听呢？

刘承熙首先想到的是北京火车站雄壮浑厚的钟声。他迫不及待地乘公共汽车到了火车站，正点，钟声响起，"东方红，太阳升……"那抒情、雄浑的旋律，让人肃然起敬，又浮想联翩。刘承熙站在钟楼下，反复听了三遍。往回走的路上，他似乎已经想好了：就是它！他将自己的想法与组里的同事说了，大家也觉得好。但一了解，车站钟声线路复杂，无法仿制。实在是太遗憾了！

有人建议：既然是我们自己研制的卫星，就应该用民族乐器演奏《东方红》乐曲，但试了二胡、唢呐、笛子，音色都不理想；有的建议用钢琴、小提琴、小号，也不理想。后来，在北京乐器研究所和上海国光口琴厂的协助下，选中了铝板琴的声音。用线路来模拟铝板琴奏出的《东方红》乐曲，不仅声音清晰、悦耳，而且线路简单，可靠性强。

播送《东方红》乐曲，是我国第一颗卫星独有的特色。既是科研任务，更是政治任务；既要求乐音悦耳动听，又要求有很高的可靠性。卫星上天后，乐音不能哑，不能变调。

刘承熙和杨其堂、钱绪亮、邓惠融经过反复的分析研究，拿出了设计方案：为突出思想主题，40秒钟内先重复播送《东方红》乐曲前8小节两遍，然后间隔5秒钟，再继续播送《东方红》乐曲前 8 小节一遍。这样，简化了卫星的结构和减轻了卫星的重量，用一个发射机，便可以交替传送《东方红》乐曲和遥测信号的目的。

用电子线路产生《东方红》乐曲，还要解决两个问题：一个是"音键"，另一个是按节拍敲打。《东方红》乐曲前 8 节中，有 6 个不同的音，就要有 6 个不同的"键"。刘承熙他们用了 6 个不同的高稳定度音源振荡器代替 6 个不同的"键"。同时，用程序控制线路产生的节拍来控制音源振荡器的发音和衰减，对音源振荡器的震荡，则用低频加以调频和调幅，并混以谐波产生和音，这样产生了类似于铝板琴发出的声音。

1968 年初，《东方红》音乐装置设计稿完成后，刘承熙和几位同事去重庆 289 所生产。当时，重庆武斗很凶，造反派"文攻武卫"，街头刀光剑影，枪声四起。

刘承熙他们住在工厂招待所，不敢外出吃饭，几乎三餐都是面包就榨菜，坚持了三个月。

在这三个月的试验中，刘承熙他们最担心的是《东方红》电子音乐"唱"不起来。他们加班加点，对设计稿不断修改、不断完善，终于做成了音源振荡器。那天，当他们接通电源后，音源振荡器开始振荡，其信号按程序顺利通过电门，传出了《东方红》乐曲。

听着熟悉、美妙的乐曲声，大家高兴地抱在了一起。

暂时的兴奋过去后，刘承熙又开始担忧：卫星发射上天和旋转时肯定会对乐音装置产生震动影响，《东方红》乐曲会不会受影响，万一不响了或变调了咋办？那无疑是个严重的政治问题。

为了减少这种影响，刘承熙他们首先对采用的电子元件进行严格的筛选，对每一个焊点逐个检测。通过各种试验检查元器件和焊点的质量和可靠性，解决了电磁干扰使乐音错乱等问题。

为了防止卫星上天和旋转时震动对乐音装置的影响，技术人员决定用环氧树脂把每个元件固封起来。不过，刘承熙心里有些嘀咕，他不知道元件被固封后会不会有什么影响，特别是装置产生的音调会不会受影响。刘承熙迫不及待地给装置通电，一听，一下子愣住了——哪壶不开提哪壶，担心的问题出现了，《东方红》乐曲果然变调了！

哎呀呀，那一刻，刘承熙仿佛被谁敲了一闷棍，一下子蒙了。大家你看着我，我看着你，谁也不说话。

本想马上打电话报告上级的，刘承熙想了想，还是忍住了，他怕这一消息传出去，要是有人借题发挥，将它上纲上线到"阶级斗争新动向"来追查，那就麻烦大了。自己倒霉事小，关键是谁敢来接这个活？时间已经所剩不多了，孙家栋都催了好几次了，他比他们更着急。

首先必须将变调的原因找到。刘承熙把问题的严重性和紧迫性跟工人师傅们说了，大家没日没夜、废寝忘食、逐点逐级地对电路进行检查。终于发现乐曲变调是由于环氧树脂在固化过程中，使碳膜电阻"中毒"，改变了音源振荡器振荡回路中电阻的阻值引起的。

289 所的设备解决不了这个技术问题，他们又马不停蹄赶到上海，找到了上海科学仪器厂。

厂里的工人师傅听说这个装置是军队要用的（出于保密的原因，不能说明是卫星上用的），全力以赴帮助攻关。他们先为那些容易"中毒"的电阻做了蜡模具，浇灌环氧树脂，让其在固化过程中阻值充分变化，直到稳定在某一阻值时，再将这些穿了环氧树脂"外衣"的碳膜电阻安装在电路板上，进行高低温条件下的调试。调试完毕，再用环氧树脂对电路进行整体固封。

测试开始时，刘承熙和同事们围着那个小盒子，神情紧张。刘承熙伸出微微颤抖的手指，接通了电源。顿时，悠扬浑厚的《东方红》乐曲传来了。

《东方红》乐曲与遥测信号交替循环，60 秒为一个循环，前 40 秒播送两遍《东方红》前 8 个音节，间隔 5 秒，发射 10 秒钟的短波遥测信号；接着又间隔 5 秒钟，再重复播送《东方红》的前 8 个音节，如此循环往复。

这是世界上最美妙、动听的乐曲，大家全神贯注、一遍又一遍地听着，一个个热泪盈眶。

东方红一号是我国研制的第一颗人造卫星，所有的技术问题均无经验可以借鉴。电子线路和所有元器件、材料和仪器要承受发射时力学环境的考验，还要经受在宇宙空间特殊环境工作的考验，这些技术难题只能一个一个去解决。

承担这项任务的北京控制工程研究所技术人员,从电子线路到材料和元件的选用都一丝不苟,它们既能经受火箭发射时的力学环境考验,也能经受恶劣的空间环境长时间运行,还得解决电磁干扰使乐曲错乱和部件固封后乐曲产生变调等关键技术。为了挑选能够在太空环境下工作的高频大功率晶体管,技术员因陋就简,利用大口径保温瓶胆做试验,瓶底灌液氮,液氮上方挂晶体管和温度计,在-80℃的环境中测试晶体管的特性,对20支晶体管一一测试挑选。最后乐音装置和卫星短波遥测装置固封在一个盒子里。盒子正面有毛泽东的头像,头像下方镂刻有金底红字的毛泽东手书"东方红"。

刘承熙回到北京,当他将这个宝贵的"小盒子"交给孙家栋时,孙家栋握着他的双手,连说:"大家辛苦了,谢谢啦,谢谢啦!"

《东方红》乐音装置及短波遥测系统的另一道难关,是卫星上天后,星上4根3米长的拉杆式短波天线能否正常展开与释放,直接关系到《东方红》乐音播放的质量。第一次短波天线伸展试验中,最后一根天线折断后被甩了出去,试验失败。紧接着做了十几次,次次失败。改变天线结构,还是不行。

孙家栋召集"诸葛亮会",大家在一起认真地进行计算和分析,还是找不到原因。会后,孙家栋将试验情况及研究分析结果向钱学森做了汇报。

钱学森询问了一些细节,又看了看研究分析,说:"你们要研究天线释放和展开的运动形式，它是复杂的运动合成，要考虑在地面做试验时的重力影响……这个问题蛮难的，我给你们推荐位专家，可以去向中科院的胡海昌同志请教。"

胡海昌是我国著名的固体力学、结构理论、结构振动的研究专家。他1954年发表的《弹性体力学与受范性体力学中的一般变分原理》提出的广义变分原理结果，被世界上许多教科书、词典和百科全书称为"胡海昌—鹫津原理"。因家庭出身、学术权威等问题，此时他还在"靠边站"。

孙家栋骑着自行车穿越了大半个北京城，在一间小屋里找到了胡海昌。

胡海昌听说是钱学森介绍来的，十分热情。

"海昌同志，我们向您求助来了。"

听了孙家栋的介绍，又看了材料，胡海昌苦笑着说："我现在这种状况，连什么计算工具都没有，怕是完不成你们交给的任务。"

见孙家栋面露难色，胡海昌想了想，说："这样吧，你把材料先放在我这里，我试着算算看。"

胡海昌用简单的笔和纸，整整算了一天一夜，得出了一组数据。

孙家栋拿到这组数字，如获至宝，不知道该怎么感谢才好。

设计人员根据胡海昌的数据，修改了天线结构设计，增加了一个铰链，后来的多次模拟试验均达到满意的效果。

"要什么没什么，条件简陋到近乎原始。"

时任东方红一号总体组副组长的潘厚任,曾经打了个形象的比喻,"就如同你要吃馒头,馒头买不到,面粉买不到,甚至连小麦也买不到。你要开荒种麦子从头来。"

为了吃到"馒头",必须先踏踏实实、耐心地去种"麦子"!

中国科学院、中国工程院院士闵桂荣,当时在中国科学院力学所工作,承担卫星总体、结构及空间热物理的研究。他在《关于温度控制问题》的报告中指出:人造卫星在高空运转,如果不采取适当的温度控制措施,那么,在太阳照射和地球反射作用下,其表面温度可高达200℃;当卫星处于阴影不被太阳和地球加热时,其表面温度可降至-200℃。在这样一会儿热、一会儿冷的状态下,卫星上材料和各种电子元器件在高真空环境中会发生一些特殊的物理、化学现象,如真空放电、真空升华和真空冷焊等,它们会造成电子器件的损坏,使有相对机械运动的部件冷焊在一起而不能动,最后造成卫星部分功能失效,甚至整星失败。

闵桂荣进而提出:

> 我国第一颗人造卫星的温度控制,采用了自然平衡加无源控制的办法来实现。所谓自然平衡,就是采用在卫星壳体的内外表面和仪器舱的外表面涂以温度控制的化学材料的办法,改变其吸收、辐射等热处理性质,借以实现温控卫星表面和仪器舱温度的目的。若仅仅用自然平衡的方法,便仍然不能

避免长时间内的温度波动，这是因为卫星的轨道方位和受热照的情况随季节的变化而变化，还要在卫星仪器舱外加一温度热控机构，即所谓无源热控系统，来控制舱内的温度波动。比如在仪器舱的柱体表面加一转筒式的温度控制装置；当舱内的温度变化偏离所规定的范围时，利用物体冷缩热胀的特性，促使温度控制装置动作，并且改变仪器舱表面的热辐射特质，从而改变仪器舱和卫星壳体之间的热交换情况，使仪器舱的温度变化保持在一定的范围内。

卫星上天前，必须模拟太空环境里卫星的工作状态，进行试验，此项任务交给了"18勇士"之一的戚发轫。

戚发轫1933年出生于辽宁金县。在大连上高中时，正值朝鲜战争爆发，许多在战场上被美国飞机炸伤的伤员，从前线运到大连医院。戚发轫和同学还去医院为伤员献过血。高中毕业时，戚发轫报考的第一志愿便是航空，第二志愿也是航空。他在心中早已立下宏愿：为建设强大的空军而奋斗。结果如愿以偿，他被北京航空学院飞机系录取。

1957年大学毕业，我国发展导弹事业急需人才，组织上准备送他去苏联学习导弹总体设计。他参加了俄语集训班，学了半年，上级通知取消赴苏留学，原因是苏方不接收中国军人。他离开了军队，准备二次赴苏时，苏方又明确表示，学习导弹总体设计的不能去。

戚发轫与孙家栋一样,他们这拨年轻人,是在钱学森等前辈科学家的带领下成长起来的。他先是搞导弹,后来又搞原子弹和导弹结合的导弹核武器总体工作,还参与长征一号火箭的总体设计。

进入东方红一号总体部后,戚发轫被任命为行政负责人。一大堆工作压在他的肩上。当时,他的妻子下派"五七干校""劳动改造",家里还有一位60多岁的老母亲和一个六岁、一个一岁半的孩子。由于单位离家远,每天早晨,戚发轫五点钟就得起床,排队买菜,烧水做饭,送孩子进幼儿园。然后,骑一个多小时的自行车去单位上班。等下午下班回到家时,往往已经路灯都亮了。

有些日子,戚发轫觉得肚子老是隐隐作痛,他以为着凉了,一直忍着,没当回事。一天半夜,肚子疼得实在受不了,他骑着自行车歪歪扭扭到了白塔寺医院,医生一检查,盲肠已经穿孔,医生说:"你连命都不要啦!"

第一颗人造卫星,面临的所有工作几乎都是第一次,可能性可想而知。然而,"革命"工作一点都不能耽误。上班前的"早请示",下班时的"晚汇报",中间还要背语录、大批判、听报告。特别是每遇"最新指示"发表,传达不过夜,落实不过天。"革命"抢占了科研时间,唯一的补救办法只有加班。

有一次,戚发轫在孙家栋面前发牢骚:"家栋,整天学习、学习、学习,喊几声空口号,就能把卫星喊上天?"

孙家栋也着急,安慰他说:"现在谁敢说不参加政治学习?

辛苦点儿，我们多加班吧，把用于学习的时间抢回来。"

低温试验，没有现成的低温室。戚发轫带领研制人员跑了许多地方，都没有找到合适的场地。最后看上了海军后勤部在昌平的一个冷库。当他们提出借用冷库时，军方以为他们要储存什么物资，问："你们准备库存猪肉，还是海鲜？"听他们说准备搞一项重大的科技试验，非常支持，下令腾空冷库三个月，供科研用。

在零下十几摄氏度的冷库里，试验人员模拟卫星在太空低温环境进行试验，利用电加热系统对卫星各分系统温度进行调节，使其达到设计要求。通过试验，确定了加热方式和加热功率的大小，为卫星发射的地面加温系统设计提供了参数。正值盛夏，大地热得像蒸笼，可在冷库里，棉衣、棉帽、棉鞋，试验人员全副武装，依然冻得鼻青脸肿。

卫星天线在展开试验时突然折断。为了查明原因，戚发轫带领几位工人在一个废品库里做试验。飞速旋转的天线，万一折断甩出去，就如同射出的利箭，极其危险。戚发轫给工人们找了个包装箱盖做"盾牌"，像是古代武士，透过箱盖的缝隙可以观察天线的旋转，最终找到了天线折断的症结。

那个年代，国内工业基础薄弱，北京竟然找不到能够制造插针电信号连接插头的工厂。孙家栋对几位技术员说："你们肯定没下功夫找。""该找的工厂都去了，人家接不了这个活儿。"孙家栋寻思了片刻，说："上海工厂多，去那边看看。"

孙家栋带了一位技术员去上海找厂家。当时京沪线票很紧张，在售票厅排了好几个小时队，只买到两张站票，两个人在火车上站了二十几个小时，才到上海。上海市"革委会"负责接待的人，听说他们要找生产什么连接插头的厂家，表示为难，说"现在正在闹革命呢，许多工厂都停产了"。他们只好拿出国防工办的介绍信，人家才将他们介绍给了上海无线电五厂。工厂也在闹派性，好不容易找来几位工人师傅，听说是国防上要用的元件，很热情。看了图纸，说难是难，但应该能够做出来，只是厂里没有设备，没法加工。孙家栋将工人师傅带回北京，在一院总装厂老工人顾师傅的车床上反复切磋、试验，终于将这只只有几厘米的特殊插头加工了出来。

卫星上还有个部件须由北京某厂生产，但厂里闹派性，生产瘫痪了。孙家栋拿着样品跑到厂里，找到生产科科长刘尔鹏。刘科长苦笑着说："我都靠边站了，找谁给你生产这个东西。"

孙家栋苦求了半天也没用。他扫兴地往回走，刚走到厂门口，又返回去，他知道这个部件生产不出来，肯定会拖卫星的后腿。他一把拉住刘科长，说："刘科长，刚才因为保密，我没敢说。我知道你也是一个有觉悟的老工人，实话告诉你吧，这个部件是我国第一颗人造卫星上用的，属于机密，你一定要想办法帮助我们生产出来。否则，它直接影响到我国第一颗卫星发射的时间。"

刘科长一惊，"什么，这是卫星上要用的？你为什么不早说?这样吧,东西先放我这儿,三天后,你再来找我。"

孙家栋走了后,刘科长找了厂里技术最顶尖的两位老师傅,悄悄告诉他们,这是一项秘密的"政治任务",三天必须完成。两位老师傅在厂里有着极高的威望,他们用了两天多时间,将部件加工出来了。"造反派"见他俩在干活,站得远远的,连问都不敢问一声。三天后,孙家栋拿到部件时,感动地说:"师傅们,我不知道该怎么感谢你们!"

遇到难题,孙家栋便会跑钱学森办公室求助。有一次,钱学森对孙家栋说:"卫星控制方面的仪器能够形成系统,那么其他方面大同小异,卫星平台、有效载荷等为什么不可以考虑进行归类?应该从系统的角度分析和研究问题,运用系统工程的思想找出相互间的制约关系、牵制影响并解决主要矛盾。虽然卫星自己本身是一个系统,但在整个工程大系统中它并不是一个孤立的系统,做卫星总体应从推进整个大系统的发展出发,分析问题和解决问题。"

钱学森的指教,孙家栋茅塞顿开。发射人造卫星这种大型任务必须实事求是地考虑总体的协调性。由于某些技术还处于理论研究阶段,尚不具备应用条件,必须根据当时的进展情况在卫星总体方案中进行调整和简化,在满足基本技术指标的原则,保证航天发展实用性、急用性和技术功能的同时,一定要解决发展航天的基本技术,为加速发展下一步型号打下基础,即在研究第一颗卫星时就想到如何与发展规划衔接。他说:"从参加第一颗人造卫星研制开始,我首先从系统总体角度出发制订切实可行的总体技术方案。作为卫星研制的总体技术负责人，我遇到困难及时请教钱老，在他的指导下，各个系统攻克了一系列技术难关。"

1969年7月16日，美国在完成阿波罗飞船10次试验飞行后，迎来了阿波罗11号飞船登月发射日。

上午9时32分，阿波罗11号飞船准时起飞。

7月20日美国东部时间16时11分40秒，经过102小时39分40秒的飞行，跨越了38万公里的漫漫空间路程，阿波罗飞船登月舱在月球安全着陆。

宇航员阿姆斯特朗小心翼翼地走下舷梯，于22时56分20秒，在月球上第一次留下了一只15厘米宽、32.5厘米长的人类的脚印。

阿姆斯特朗随即向全世界庄严宣告：

> 对一个人来说，我只不过迈进了一小步；可对人类来说，这却是一个飞跃！

几天后，在钱学森办公室，钱学森轻声对孙家栋说："告诉你个消息。"

孙家栋不知道钱学森要说什么事，侧耳细听。

钱学森说："美国人登上月球了。"

"啊——"孙家栋一惊，"上去了？这么快就上去了！"

钱学森说:"我们得奋起直追啊!"

孙家栋神情坚毅:"我们已经落后了,我们必须奋起直追!"

1969 年 8 月 27 日,酒泉基地发射场。

此时,东方那轮朝阳刚刚在地平线上升起。一望无边的戈壁滩,披着一层金色的铁甲,慢慢从清冷孤寂的黑夜里醒来。芨芨草、骆驼刺舒展着干瘦的身躯,迎接着新的一天到来。

一枚供飞行试验用的两级火箭长征一号竖立在发射架上。

每当有发射任务,李福泽会起得很早。他手搭凉棚,仰头望着发射架上高耸的火箭,有些逆光,他眯缝着双眼像是在想着什么。

李福泽 1924 年出生于山东昌邑县一个工商业资本家兼地主家庭,父亲投资参股青岛啤酒厂和张裕葡萄酒厂。他的少年时期过着吃喝不愁、玩乐不拘的生活。1932 年,李福泽考入北平汇文中学;1936 年又考入上海大夏大学(现华东师范大学)。"七七"事变后,李福泽赴延安陕北公学学习,11 月,奉命回乡组织抗日武装。任县委军事部长,鲁南八路军一团团长。解放战争时期,任鲁中军区警备第三旅旅长,安东军区副司令员,第四纵队参谋长,第四野战军四十一军参谋长。

1950 年参加抗美援朝。回国后,任广州军区副参谋长。

1958 年,酒泉基地组建时,基地司令员孙继先点兵点将时,第一个便点到李福泽,李福泽当即谢绝了,他不是怕戈壁艰苦,而是从小在海边长大,舍不得离开大海。

孙继先急了:"伙计,总部命令早下了,你怎么还不过来?"

"哎呀,这边好些事情还没处理好呢。"

酒泉基地副司令员的命令下了五个月之后,李福泽才去报到。

当时,一批苏联专家刚刚抵达基地。苏联专家吃不惯中餐,李福泽跑到北京市长家里,要求从大饭店调两名西餐厨师。当时,找个西餐厨师比找干部难,市长说:"北京还不够呢!"他又去找哈尔滨市委书记,凭着老战友的关系,硬是"挖"来了四名西餐厨师。

基地处于西北戈壁滩,条件极其艰苦。特别是"三年困难时期",由于缺粮,加上茫茫戈壁寸草不生,连野菜都挖不到,许多战士们得了夜盲症和浮肿病。李福泽去向副总参谋长杨成武求援,杨成武专门向周总理报告,才解决了基地粮食问题,使这支火箭部队生存了下来。

1962年,孙继先司令员调离戈壁,李福泽出任基地第二任司令员。

基地的建设一直在紧锣密鼓地进行中。1965年开始建造可以发射多级火箭和人造卫星的发射场。发射场最重要的设施是一座高达55米的龙门吊,总重量1.4万吨,可以在连接两个工位的重型钢轨上缓缓移动。位于发射场另一座高37米的固定塔,是用来安装、固定各种气、液管道和电缆的。此外,发射场还建了一个半球形钢筋混凝土地下控制室,能够承受外界极大的压力,即使火箭起飞后发生爆炸,仍能保证设备和人员的安全。

为了满足工程通信和数传迅速、准确、安全、保密的需要，卫星探测系统第一期通信工程也如期完成，沟通了卫星七个观测点与中心的有线通信网。

李福泽一想到这枚火箭是护送东方红一号卫星上天的，一种紧迫感、一种巨大的压力油然而生……

长征一号火箭总体设计工作原来是由第七机械工业部第八设计院负责的，1967年11月，由于种种原因，国防科工委又决定改由七机部一院（运载火箭研究院）负责，当时研究院的副院长任新民担任型号负责人。尽管他身上带着个"三青团分子"的历史问题，但周恩来说过"应给予保护"的话，此时，尚能勉强主持火箭的设计研制工作。

我国关于运载火箭发展规划是从1965年七机部制订1965—1972年的规划开始的。长征一号运载火箭是为发射我国第一颗人造卫星东方红一号而研制的三级运载火箭。主要是对东风四号导弹进行适应性改进，并加上固体燃料发动机的第三级。

作为东风四号型号负责人的任新民，还来不及回味东风四号成功的喜悦，便一头扎进长征一号的研制中。

任新民说："作为一名技术领导，判断、处理和决定技术问题，一是靠基础知识和专业技术知识，而且要不断地再学习更新知识；二是靠不断深入实际，积累和总结实践经验，要不断地从广大科技人员、工人那里,在科研生产的第一线吸取和补充营养;三是真正做到实事求是,一切从实际出发。"

此时七机部"造反派"斗争激烈,机构运转处于半瘫痪状态,科研、生产秩序一派混乱,致使长征一号火箭试车无法进行。

任新民心急如焚,他知道无法试车,火箭的研制工作便无法推进,卫星上天更是遥遥无期。他像一名救火队长,每天步履匆匆,不是去研究室,就是下车间,到处求人,时时"灭火"。造反派说:"现在最大的事情是'革命''造反',你怎么整天还是火箭、火箭?"

1969年4月,正在主持中共九大会议的周恩来总理,获悉长征一号火箭试车受阻的情况后,立刻要求各部院下令搁置派系争斗,一切服从长征一号和东方红一号研制工作。他严厉地说:"这是关系到国家荣誉的大事,任何人不许干扰。"

周恩来先后三次召开紧急会议,召集有关人员听取汇报,具体指导、协调和解决研制、生产和试验中的问题,并委派钱学森、任新民全权处理有关试车事宜。

试车得以继续进行。

试车组织者之一,也是"航天18勇士"之一的沈振金回忆说:

> 此次试车举足轻重,事关重大,要把卫星放在火箭的头上,然后让火箭发动机真正点火,让卫星

和火箭都按上天的要求工作，看火箭能不能经受得住考验，看卫星会不会震坏。由于是夏天，又住在山上，吃喝拉撒睡问题，所有的设备问题，全都是凭着张福田（"航天18勇士"之一）的老关系去办、去借。没房住，就20多人挤在一间办公室里睡地铺；肚子饿了，就跑到山下小饭馆里买一碗炸酱面吃，或者买上一个1角8分钱的烧饼来啃。当时我们的工资每月只有62元，没有一分钱的补助，买1角8分钱的钱又没法报销，也不好意思提出报销，便只有自己贴钱。参加试车任务的只有两台汽车，但两个司机没人管饭，只好由我和张福田一人管一个。凡是参加试车的人，都是经过上级有关部门22个政审条件逐一审查过的。许多人一政审就被审到一边去了。凡通过了22个政审条件的，个个都是"红五类"。而且，最后确定的试车人员名单，还报到了中央，经过周恩来亲自审批。因此，能去那儿参加试车的人员，个个都感到很光荣、很自豪。

从1969年5月11日起，参加火箭试车的专家和技术人员，夜以继日连续奋战了8天8夜，于5月19日完成了火箭一、二级的试车。6月4日，完成了火箭二级试车。

长征一号火箭此次如果发射成功，东方红一号卫星便有可能在年底或1970年年初，抢先在日本前发射，成为亚洲第一个卫星上天的国家；倘若失利，卫星发射必将推迟，落在日本后面。尽管在这个发射场已经发射了几十枚导弹，但这一枚非同寻常。

任新民正全力以赴组织长征一号火箭第三级试车时，七机部两派斗争再次加剧，他一夜之间被"造反派"扣上"叛徒"的帽子。对此，他忧心忡忡，意识到更大的风暴即将到来，便主动去找军管会负责人杨国宇，说："请组织上赶快找接替我工作的同志，好及早将工作交接一下。"

"交接？这怎么可能！"杨国宇说。

"我主要是怕万一哪天……"

杨国宇望着眼前这位执著而又忠诚的科学家，为难地说："新民同志，您出任这个项目技术总负责人是总理批准的，现在谁也接替不了您的工作，您还得继续干。不过眼前的局势太复杂……您别太着急，我们再想想办法……"

任新民激动地说："我一定会努力的，请军管会放心，也请你们转告周总理放心！"

正当"文斗"加上"武斗"，七机部被闹得不可开交之时，长征一号火箭发动机第三期试车不得不"刹车"，严重地拖了整个卫星工程的进度。

1969年7月17日、18日、19日和25日，日理万机的周恩来不得不放下其他工作，4次接见七机部相关人员。

周恩来神色严峻，语重心长地说："大家往天上看看吧，苏联和美国已经有好几颗卫星在天上了，可是还没有一颗卫星是我们中国的。如果我们继续这样闹下去，卫星是上不了天的。研制和发射人造卫星是毛主席交给我们的光荣任务，要加强领导，加强团结，我们要争取早日在天上飞起中国的卫星。"

周恩来还强调："我告诉你们,对于现在来说,发动机试车,就是最大的'革命'！"

周恩来又对钱学森说："学森同志，你要大胆领导，党中央给你一道死命令，我看准灵。工作人员凡是不到岗的，就开除公职；党员不到岗的，开除党籍！"

8月9日，周恩来再一次主持国防尖端科研会议。大家走进会场，只见一向温和的周恩来，这时神色肃然，剑眉紧蹙。

周恩来在本子上记着什么，他抬起头，问："杨国宇到了吗？"

一位个头敦实的军人忽地站了起来："报告总理，杨国宇到了！"

周恩来示意他坐下。

周恩来的声音忽然提高了："现在我宣布：接下来，由钱学森挂帅，杨国宇为政委，你们两个负责。杨国宇是政治保证，钱学森和其他专家要是被人抓走了，不能正常工作，我拿你杨国宇是问。"

杨国宇立正向周恩来保证："是，总理，坚决完成任务！"

钱学森后来在回忆"文革"那段特殊的历史时说，"文革"中我们有一批科学家全靠周总理照顾。那时候我们都是被"军管"的,才没有落入林彪、江青反革命集团支持的造反派的手里。

杨国宇拿着那份沉甸甸的名单,深知它的分量。这位红军时代的无线电专家,曾任刘邓大军的机要处长、第11军参谋长、海军青岛训练基地副司令员。1967年被派驻第七机械工业部,任军管会第一副主任。在那个特殊的年代,他忠诚、坚决地执行周总理的指示,保护了一大批航天科学家。

周总理下了一道命令:参与火箭研制的29个单位、3456名人员全部上岗,谁也不准闹派性。违者严惩!

8月22日和9月6日,长征一号火箭的二、三级和第三级试车获得成功。

9月初,火箭开始通电,进行垂直测试。出厂前好好的陀螺仪表突然无法正常工作,查来查去查了半个多月,查不出原因。

9月26日,钱学森赶到了发射场,听了任新民的汇报,还看了在真空箱中复现故障的试验。

钱学森双手抱在胸前,看着看着,"扑哧"一声笑了,"嘿!问题出在这个地方,它是没有憋住气啊!"

原来,火箭试车后,在加强仪表刚度时,技术人员不小心将系统出口处的"定压活门"给撒落了。火箭到海拔比较高的发射场后,由于外界气压低,陀螺仪表未节流,自然无法正常工作。

临近发射前一天,周恩来用专机将任新民和几位主要设计人员接回北京，听取汇报。周恩来详细询问了发射场的有关情况和可能发生的问题，直到将情况一一了解、落实后，才将专家又送回发射场。

11月2日，基地发射中队控制分队对火箭进行电爆管测试。

发控台加电后，自动化测试台对火箭电爆管进行自动测试。当走到300步时，忽然从火箭二级尾部位传出一阵"噼啪"声，随即"咚"的一声巨响，操作手惊叫了起来："二级发动机蹦出来了。"

技师胡世祥一把断开了总电源开关。

火箭一级发动机弹射出来的二级段遥测磁记录装置，竟然将勤务塔上一根30厘米的工字钢柱打弯了。

李福泽和钱学森赶来了。

李福泽问道："钱部长，这个弹射装置肯定不能用了，它会不会影响到发射任务？"

钱学森说："这个弹射装置问题倒不大，但一级发动机电爆管比较麻烦，必须更换发动机才行。"

李福泽召集试验任务领导小组召开会议。

七机部试验队一位技术人员率先发言，他说事故原因已基本查清，主要是由试验队编写的测试细则有误造成的。

任新民也检讨说："这件事与基地同志无关，一级发动机电爆管的引爆问题，还需要进一步分析事故原因。作为长征一号火箭的技术总师，我为此承担责任。"

李福泽摆了摆手，说："要说责任，是我的责任，因为我是基地司令,又是现场总指挥、试验领导小组组长。现在不是追查责任的时候,主要讨论下一步应该怎么办。"

11月中旬,一院试验队在技术阵地对01火箭的发动机电爆管部件进行了更换改装,同时又对02号火箭进行测试。

11月15日,为了万无一失,周恩来总理派专机将任新民几位主要设计人员接回北京,听取了发射前准备工作的汇报。周总理想得很细,一一询问了可能出现的一些问题。最后,一再叮嘱大家:胆大心细、慎之又慎!专机当夜返回发射场。

11月16日17时45分,02火箭点火升空后,飞行正常。

人们从敖包山后、从地下室纷纷跑出来,观看火箭飞行的壮观场面。

发射参谋举着小蓝旗,不断通报飞行时间:"……80秒,90秒,100秒……"

火箭刚刚爬升了1000多米,中部遽然闪出一束刺眼的白光,瞬间,火箭不知去向。

当时跟踪技术落后,40分钟后,落区报告:"没有发现目标。"

发射中心司令员李福泽在原地走了几步,停下,转身,又走了几步,又停下。整个五官收紧在一起,脸一下子黑了。刹那间,他在心里喊了声"坏事了",首先想的是火箭是掉在境内,还是飞出国境?当时中苏冲突处于一触即发的态势,如果火箭失去控制,落在苏联境内,那麻烦就大了,必将引起涉外事端,后果不堪设想。

当务之急必须立即找到火箭残骸。

这时，周恩来的电话打到了指挥所，他听取了情况汇报后，语气平和地说："告诉大家先别慌乱，万一真打到国外，我已经做好了去国外说明情况的准备。"

指挥所里，李福泽和钱学森正在商量着什么，154系统观测站的何荣成，拿着一个绘图板，急匆匆地跑来，大口大口地喘着粗气。

李福泽问："什么情况？"

何荣成先是在绘图板上画了一根线条，然后以肯定的语气说："火箭是在一级关机后出了故障，应该落在了离发射阵地大约680公里的地方，我们认为它没有飞出国境。"

李福泽眼睛瞪大了："你们敢肯定？"

钱学森接过他手中的图板看了看，认为他说得有道理。根据火箭实际飞行曲线，他又做了计算，然后圈定了一块区域，让李司令员马上派直升机去这个区域寻找。

直升机在无边无际的沙漠与戈壁上，来来回回搜索了两天，一无所获，不得不返回基地。

李福泽见何荣成低着头，没容他开口，便大着嗓门说："别给我解释什么了，肯定是你们飞得太高了，降低高度、降低高度，贴着戈壁飞，听懂了吗？找不到残骸，别回来……"

第三天，飞机降低了高度，几乎是贴着地面飞行。

何荣成举着望远镜，四处搜寻，忽然，他发现了前方地面上有一堆黑色的物体，让飞行员靠近。

"火箭残骸、火箭残骸！"何荣成大声喊了起来，"就是它，找到了，就是它！"

飞行员立即将火箭残骸的方位通报给了指挥所。

美联社、路透社、合众社等西方媒体，迅速向全世界发布了这一重大新闻：

> 中共在地处本土的西北戈壁的火箭发射基地，于昨日格林威治时间11时30分，发射了一枚巨型运载火箭。该基地系1958年由苏联派出大批专家援建的中共第一个老牌导弹综合试验发射中心，迄今为止，已试验发射了多种型号的导弹，为中共军队的强大立下了殊功，为世人所瞩目。但此次巨型运载火箭的发射试验却遭遇惨重的失败！
>
> 那个乳白色的庞然大物点火后，升空不到3000英尺，从巨型运载火箭的中部遽然闪出一束耀眼的白光，伴着雷鸣般的一阵轰鸣，随即爆炸解体。瞬间，成百吨的推进剂液体四处飞溅，形成冲天的蘑菇云在空间剧烈燃烧。长达100多英尺的巨大运载火箭断裂成无数碎片，被火团裹挟着纷纷垂降，散落在发射场附近的戈壁滩上……

钱学森承担了失败的全部责任。

事后查明，火箭飞行失败是由于一只配电器发生故障，二级发动机未点火,自毁坠落。

孙家栋闻讯后,极为震惊。不过,他坚信战友们一定能攻坚克难,重新挺起腰杆。

1970年1月30日,第二枚长征一号火箭重新矗立在发射架上。

随着一声令下,火箭冲天而去,十几秒后,两级火箭分离成功。当落区传来"火箭高精度击中目标"的消息时,引起一片欢呼声。长征一号火箭试验成功,使我国多级火箭技术取得了突破。

东方红一号卫星有了可靠的运载火箭,孙家栋悬着的心放下了。

然而,日本还是抢先了:1970年2月11日,日本第一颗人造卫星大隅号,发射成功。尽管这颗卫星很小,比铅球重一点,但再小也是一颗卫星啊!日本成为继苏联、美国、法国之后独立发射卫星的国家。消息传来,犹如晴天霹雳,上下震动。我们本来是完全可以先它一步的,可是由于内耗,发射计划被无端拖延,白白地浪费了宝贵的时间,辜负了中央领导的厚望,更是给国家形象带来负面影响。

后来,钱学森在发射现场召开的庆祝我国第一颗人造卫星发射成功的庆功会上,先是热情地歌颂了这一伟大胜利,表彰和感谢了有关各方的贡献。然后,话题一转,沉重地做了检讨:很可惜,我们比日本晚了一步,未能成为亚洲第一个卫星上天的国家。卫星发射的时间一再推迟,作为国防部五院、七机部的领导成员，自己有不可推卸的责任。

而此时，聂荣臻赋闲在家，心情郁闷。得知东方红一号发射成功，紧锁的眉头舒展开了。一天晚上，聂荣臻在院子里散步，不经意间抬头看到从天空划过的东方红一号，他久久地望着夜空，喃喃自语："这颗卫星本来是可以早一点上天的……"

时间逼人！

孙家栋时时有一种被鞭子催赶的感觉，他走路的步子都加快了，一路风行。

作为总体部的负责人，孙家栋每天都要面对一道道难题。而且，他还必须协调好各分系统之间的关系。他如同一支乐队的指挥，哪节旋律都不能出错，哪位乐手都不允许出错。

一个电话刚刚打完，紧接着另一个电话又紧追而来。

星上功率消耗的分配与限制非常重要，孙家栋要求各分系统在设计分配指标时，一定要将功率消耗控制在限定的范围内。然而，各个分系统都有自己的"小算盘"，都想尽量多申请一点指标。东方红一号上使用的是化学电池，其提供的电能，不可能完全满足各分系统初始功率的消耗要求，而有的分系统是宁可多要，不会少要，先要到手再说。因此给各系统多少，孙家栋必须心中有数，有理有据，不能是"会哭的孩子有奶吃"。当时卫星上的应答机已经申请到了 10 瓦的热耗指标，然而设备研制出来后，实际功率却只有 8 瓦。这时候卫星的热控计算早已完成,按照卫星的研制进度,热平衡已经安排完毕,如果这个系统少 1 瓦,那个系统少 2 瓦,整星温度就会变低,整体温度控制就会受影响。可是各分系统的设备都已经到位了,没法再改,而且任何细小的改动都会影响全局。矛盾最后都集中到总体部,孙家栋也感到很棘手。但是,再棘手也得想办法解决它。

有天半夜里,孙家栋似睡非睡、朦朦胧胧中,突发奇想,想出了一个解决方案:为了不影响卫星整体热平衡,哪个分系统出现余量,就在哪个分系统串联一个功耗电阻,富余多少就串联多少,把富余的功率用电阻消耗了。对,对!孙家栋连忙轻轻爬了起来,将梦中获得的这一方案,记在一张小纸片上。

第二天,到了总装车间,他将自己的想法告诉同事,大家按他的办法去试,果然解决了富余功率问题。后来,大家将这一方法,称为"逆向思维方法"。

作家创作是需要灵感的,科学家何尝不是如此?一个个难题的破解,一项项发明的产生,无不闪烁着智慧的灵感。只是灵感绝不是凭空臆想,作家的灵感来自对生活的感悟,科学家的灵感则来自扎实的理论基础和无数次的科学试验。

还有一件事让孙家栋困惑。

彼时,正值"文革"高潮,读"红宝书"和佩戴毛主席像章成为突出政治的一种时尚。一些分系统的仪表仪器做出来后,都要在明显部位镶嵌一只毛主席像章。开始,孙家栋还没太在意，后来发现大家都在心里比着呢，像章越做越精致，越做越大。这就有问题了，首先是总体质量超过了，比如某仪器的额定设计质量是 2 千克，镶嵌上一个像章，质量 0.5 千克，安装到卫星上，总质量变成了 2.5 千克。总体设计人员检查时，告诉分系统研制人员，你们的仪器超重了。分系统研制人员马上会说，其他零部件没超重，超重的是毛主席像章。这在当时是名正言顺的，谁敢说个"不"字？一台仪器镶嵌上一个像章，超一点重量，看似没多少，但所有的仪器集成在一起，卫星便大大超重了。火箭的运载余量肯定减少，火箭的可靠性也必然受到影响。

随之而来的是卫星的散热问题。卫星对散热要求很高，加了那么多的像章，结构增厚了，散热势必受影响，卫星的安全也不敢保证。

几位设计师找到孙家栋："这个问题不解决，卫星上天后会出问题的。"

孙家栋早已发现这个问题，也挺着急。他理解大家对领袖的热爱，但他更得考虑卫星的安全，卫星要是因此出了问题，更是辜负了领袖的期望。他几次想妥善解决这个问题，但一想到有人要是抓住这件事，扣你一顶"光要卫星上天，不怕红旗落地"的"大帽子"，自己将有口难辩。如此，不仅解决不了问题，还可能带来更麻烦的后果。他本想报告钱学森的，又怕给钱学森增加压力。所以，一直纠结着，自己干着急。

1969 年 10 月，卫星初样制造完成。

一天中午，孙家栋接到钱学森秘书的电话，让他赶紧派人将卫星初样送到人民大会堂江苏厅。干他们这一行的，都遵守保密规则，孙家栋没问为什么要送卫星初样去大会堂。

下午，孙家栋组织人员将卫星初样送到大会堂江苏厅。

登上人民大会堂前的台阶，孙家栋抬头望着高大的圆形廊柱，只见正门门额上镶嵌着的中华人民共和国的字样闪闪发光，一股自豪感不由得涌上心头。

说起来，这已经是孙家栋第二次来人民大会堂了。

1961年国庆期间，为慰问、鼓励科技人员自力更生、发愤图强，受周恩来委托，聂荣臻和陈毅在人民大会堂请首都科技界代表吃晚饭，给大家补充一点营养，增加一点干劲。一院也分到几个名额，32岁的孙家栋作为青年代表被邀请。

聂荣臻端起茶杯，坦诚地对科学家们说："同志们，我代表中央领导请大家吃顿饭。三年困难时期，'老大哥'又背信弃义，我们现在是被逼上梁山了！不过，中国科技人员不比别人笨，我们自己干吧，靠别人是靠不住的。党中央寄希望于我们自己的专家，以后就拜托大家了！"

钱学森代表科学家们表了态："聂帅、陈老总，中国科技人员要我说是了不起的！我们不怕苦，有智慧！现在国家有难，我们不出力谁出力？为了国家损坏健康甚至牺牲生命都是值得的！"

孙家栋记得每桌有一条清蒸鱼和一盘红烧肉。大家正襟危坐，谁也不愿意最先动筷子。

一位老同志说："小孙，咱们这桌你最年轻，你先给大家'剪彩'吧。"

孙家栋连忙推辞："不行，不行，这哪行？"

老同志说："你不动筷，大家都吃不成了。"

实在推辞不了，孙家栋只好站起来，夹了一小块鱼肉。

大家用筷子夹起了鱼或肉，看得出每人的心情都格外激动，都带着一种仪式感。

这顿"奢侈"的晚餐，让每一位被邀请者记忆终生。

一晃，8年过去了……

吃了晚饭，钱学森来到江苏厅，告诉孙家栋，一会儿周恩来总理要亲自听取东方红一号情况汇报，让他精心准备一下，选一些重要的情况和问题需要向领导汇报。

总理亲自听汇报，孙家栋倏地紧张了起来。

此时，一直领导导弹、火箭、卫星等国防尖端科技研制的聂荣臻元帅，已被林彪、江青一伙打成"二月逆流"的干将，后又被一纸备战令，疏散到河北邯郸。发射卫星工程，周恩来只好自己亲自抓。

周恩来带着李先念、余秋里等中央领导来到了江苏厅。总理是一连参加了好几个会后赶来的，虽然精神饱满、谈笑风生，依然难掩一脸的疲惫。

中央领导饶有兴趣地观看卫星初样，钱学森对卫星的结构、各分系统的功能做了简要介绍。

周恩来走到会议桌前，环视四周，示意大家坐下。

周恩来先征询钱学森："学森同志，咱们开会吧？"

钱学森连忙点头。他首先将孙家栋介绍给了周恩来："总理，孙家栋同志是东方红一号卫星总体技术负责人。"

周恩来打量着孙家栋，高兴地说："这么年轻的小伙子已经是卫星专家，很好嘛，学森同志的弟子蛮多嘛！家栋同志，今年多大年龄？"

孙家栋有些紧张地回答："40岁。"

"哦，还是小伙子嘛！你毕业于哪所院校？"周恩来又问。

钱学森说："他毕业于苏联的茹科夫斯基空军工程学院，还获得斯大林奖章呢。"

"俄文忘了吗？"

孙家栋回答："一直用着呢，总理！"

周恩来叮嘱道："不能忘啊，以后会有用的。"

周恩来的平易近人，让高度紧张的孙家栋顿时放松了。

周恩来说："学森同志，今天你们是主角，是不是你先谈谈。"

钱学森打开笔记本，将东方红一号卫星和长征一号运载火箭的研制以及目前发射准备的总体情况做了全面的汇报。

孙家栋接着对卫星初样进行了讲解，对主要技术参数和研制中的有关情况作了具体说明。

周恩来听得很专注、认真，不时在笔记本上记着，又不时插话提出一些问题。

"家栋同志，卫星上共有多少根电缆？"

孙家栋做了汇报。

周恩来又问:"卫星上有多少个插头呢?"

"插头?"孙家栋一时被问住了。卫星上有多个分系统、分系统与分系统之间、卫星与地面设备之间、卫星与火箭之间,有电源连接插头,有无线电信号插头,还有机械配合插头。要问整个卫星有多少插头,孙家栋还真不掌握。

孙家栋红着脸,有些内疚地说:"总理,这个数字我还没掌握,回去后我们认真统计一下,再向您汇报。"

周恩来朝他摆了摆手,微笑着说:"这些数字对我来说没什么用处,但对你们来说应该是重要的。你们搞卫星工作首先要仔细、认真、一丝不苟,应该像外科医生那样,对病人的每一根神经、每一条血管都很熟悉,了如指掌,才能保证卫星上天后万无一失。"

周恩来又问了参会的几位部委领导一些问题,对发射前的有关工作作了部署。

周恩来转脸问钱学森:"学森同志,看看你们还有什么问题?"

钱学森合上了笔记本,问孙家栋:"家栋,你呢?"

从刚才见到周恩来的那一刻起,孙家栋就在心里琢磨着、犹豫着,要不要向总理汇报卫星上镶嵌毛主席像章这件事。他觉得如此重大、棘手的问题,只有总理能够解决;可又觉得在这样的场合,贸然向总理反映这个问题不合适,但此刻,见钱院长问自己,一股勇气从心中冒了出来,他站起来,说:"总理,有件事我还想汇报?"

"哦，好啊！你坐下说，坐下说！"周恩来和蔼地说。

孙家栋把卫星上镶嵌毛主席像章的事原原本本汇报了，最后，表达了自己的观点："大家出于对伟大领袖毛主席的深厚感情，在卫星仪器上装了毛主席像章，心情是完全可以理解的；但从技术角度讲，这些像章影响了卫星散热，对卫星飞行姿态带来了不利影响；卫星的重量增加了，也增加了火箭的运载负荷，不利于安全……"

整个会场寂静无声，大家都将目光投向周恩来。

周恩来轻轻点了点头，思忖了片刻，脸色变得严肃了起来，说："我看就不用了吧，搞那个干什么，万一掉下来，人家会看笑话的。大家看看我们人民大会堂这个政治上这么严肃的地方，也不是什么地方都要挂满毛主席的像，有的地方是挂了毛主席语录，但是挂在什么地方都是非常严肃的，得认真考虑什么地方能挂什么，你们看看咱们这个会议室就没挂毛主席的像嘛。政治挂帅目的是要把工作做好，而不是把政治挂帅庸俗化。搞卫星一定要讲科学性，要有科学态度。你们回去以后要好好考虑一下，只要把道理给群众讲清楚，我想就不会有什么问题的！"

一阵热烈的掌声。

一道难题迎刃而解，孙家栋心中的一块石头落了地。

第二天，钱学森召开会议，传达了周恩来的指示精神。孙家栋要求各分系统严格按总理的指示办。

第七章

那颗"星星"会唱歌

1970年3月,冬将尽,春未来;说冷不冷,说暖不暖。遮天蔽日的沙尘暴,三天两头光顾京城,这是一年中最难受的日子。

位于北京中关村知春路的卫星总装厂一派紧张、繁忙景象。说是卫星总装厂,实际名称是"北京东方科学仪器厂"。该厂条件很差,只有几排简陋低矮的小平房。东方红一号没有专用的厂房,是在一间临时改建的车间总装的。

孙家栋有些担心,对总装厂主管生产的副厂长孙立言说:"孙厂长,你们的任务很艰巨啊!"

这位转业军人出身的女厂长,听出孙家栋话中有话,问:"怎么,孙总,您不放心?"

孙家栋说:"不是不放心,是觉得你们的任务的确很重,既要完成正样的生产、组装,还得完成整星的测试、试验,时间又这么紧,来得及吗?"

孙立言曾经在厂里干过无线电工、车间主任,担任过我国第一个质谱计研究室主任,她回答说:"东方红一号是我国第一颗人造卫星,我们已经盼了好几年了,它关系到国家的尊严和荣誉,我们必须干好,困难再大也得干好!怎么样,孙总,要不要立军令状?"

孙家栋也很感动,说:"立军令状倒不必,我相信你们一定能干好!"

第三天,卫星总装厂召开了动员大会,孙立言在会上说:"同志们,我不说,大家也知道这是一项什么任务。我们不是整天在提倡爱国主义吗?现在,把这项任务完成好,就说明我们具有最大的爱国主义,我们是毛主席信得过的工人阶级。任务重大,时间紧迫,我宣布:从今天开始,我们厂没有休息日了,三班倒,直到把这项任务完成了为止。"

此时,孙立言已是身怀六甲,她每天挺着个大肚子,和大家一道办公、跟班作业。

车间里挂出"万众一心,为国争光"的巨幅大标语。

技术人员和工人师傅遇到了一道道难题,渡过了一道道难关。

总装厂技术员陈士祥回忆说:

……密封仪器舱的氩弧焊接在当时是一项新的工艺技术,掌握起来难度很大。另外,当时对焊缝的气泡、强度要求还无标准可依，对焊接变形的控制也无资料和经验可借鉴，只能依靠不断地摸索和试验来确定焊接质量的保证方案和措施。在对仪器舱罩大面积镀金工艺的攻关中，由于在4000平方厘米的镀金面上屡屡出现气泡而达不到设计要求，当时国内没有实际经验，也无资料可查，只能靠群策群力，经过了无数个日日夜夜的试验和摸索，最后终于找到了方法，使大面积的镀金层既无气泡又光亮如镜，彻底解决了工艺难题。在场内条件不具备，场外又无协助，既无防毒措施又无精密温控装置的情况下，技术人员因陋就简、土法上马，开始了卫星铝合金外壳蒙皮的工作。经过两个多月的苦战，终于使蒙皮表面的辐射率和吸收率达到了设计指标要求。在卫星研制攻关中，我们还攻克了许多技术。现在看来，这些制造方法可能比较粗放，但创业的道路就是这样艰辛。在当时工业、技术基础比较薄弱的条件下，加之"文化大革命"的影响，每攻克一个难关，都要付出艰辛的劳动。值得高兴的是，多项成果荣获了1978年全国科学大会颁发的科研成果奖。

1970年3月25日，东方红一号正样做了5天的地面环境模拟试验，星上各系统显示基本正常，完成了出厂前的各项准备工作。

孙家栋主持召开卫星出厂验收评审会，各路专家都给予这颗卫星充分的肯定。

这时，有人突然提出不同意见：卫星设计工作寿命是14天，但地面环境模拟试验只做了5天，谁敢保证卫星在天上能可靠地工作14天？

孙家栋一下被问住了，这是我国第一颗卫星，应该做多少天地面试验无案可查，我们也没有什么经验可借鉴。这颗星已经做了5天的地面环境模拟试验，谁又敢保证不会影响它在天上的运行寿命？

评审会通不过，卫星就出不了厂，势必影响下一阶段的发射计划。孙家栋没招了，立即向钱学森报告。钱学森让孙家栋把卫星技术和测试文件留下，他整整看了两天。

三天后，钱学森打电话给孙家栋，让他到办公室来一趟。孙家栋接过鉴定书一看，只见上面郑重地写着："我看，此星可以出厂。钱学森"

有钱学森亲笔签字，一些人想阻拦也拦不住了。

钱学森以他的政治地位和学术权威，还以他的胆魄，又帮孙家栋解决了一个大难题。

站在两颗即将送往发射场的发射卫星前，孙家栋百感交集，在心里默默对两颗卫星说："拜托了，伙计，你们可得争气啊！你们承载着我们这个民族多少梦想，寄托着国人多少厚望，凝结着航天人多少汗水和心血……"

或许，他还有没说出口的："这几年，我将一切都献给了你，你可千万千万不能有任何意外啊！"

1970年3月26日，经周恩来批准，长征一号运载火箭和东方红一号卫星装上将运往酒泉发射中心的专列。

节骨眼儿上，又出问题了。

"造反派"借口孙家栋的家庭成分是"富农"，不同意他去发射基地。

"什么？"孙家栋急了，"我是这颗卫星的总体负责人，我不去发射现场，这也太不符合情理了，出了问题谁负责？"

"造反派"辩解："你的家庭出身有问题，你不适合去现场。你去发射场，要是出了问题，谁负责？"

孙家栋据理力争，他的家庭出身问题早已经向组织说清楚了，组织上几次政审也都有了结论。"造反派"却置若罔闻。

为了顾全大局，孙家栋忍受了极大的愤怒和委屈，无可奈何地留在了北京。

临行前，孙家栋去车站送行，钱学森握住他的手，欲言又止。

孙家栋无助地说："院长，我留在北京会将前方汇集来的信息，进行对比分析，有什么情况，及时向您汇报。"

钱学森将他的手握得紧紧的。

专列拉响了汽笛，启动了。

孙家栋万箭穿心，咬着牙关，面无血色……

孙家栋想起来，当年入伍时，赴苏联留学前，家庭的成分问题曾经给自己带来过麻烦，但经过组织调查，问题都弄清楚了，组织上也做了鉴定。万没想到，在这个节骨眼上，"造反派"会纠缠这个问题。

早先，孙家栋的祖上由山东牟平逃荒闯关东，最后落脚辽宁盖县草甸子村。

孙家栋爷爷，屯垦劳作，治家有方，置了田地和房产，成了方圆百里的能人。

爷爷虽然没有文化，但他敬佩读书人。孙家栋父亲孙树人垂髫之年，便被爷爷送进私塾启蒙。后来，孙树人入读沈阳师范学校。毕业后受聘盖平师范学院，六年后升任校长。

1929年4月8日，孙家栋出生。父亲为其取名"家栋"，期盼儿子将来成为孙家的顶梁柱。老人未曾料到，半个世纪后，儿子真的成为国家的栋梁、共和国的功臣。1932年，全家迁往哈尔滨。1942年，孙家栋入学哈尔滨第一高等学校土木系。

孙家栋曾经说过："我出生不久，东北就沦陷了，差不多当了亡国奴。小时候印象不深，就觉得生活很穷很苦，国家很落后，洋油、洋火、洋钉……好像连火柴都生产不出来。1942年，我13岁入学哈尔滨第一高等学校，这是伪满政府办的一所四年制专科学校，学的是土木专业。所以，当时就想着长大了能成为一名造楼修路的建筑师。学校每周周一要升旗，升的是伪满旗，全校师生先是要面朝东京方向向日本天皇鞠躬遥拜；然后，再转过身子，面朝南面向溥仪皇帝鞠躬遥拜。学校还有一些日本教师,上课时对中国学生特别凶,还进行奴化教育。当时,少不经事,但心里觉得中国人低人一等,挺受气的。"

战乱使东北大地容纳不下一张书桌。1945年冬,学校停课,孙家栋回到草甸子村。此时,父亲已去辽宁海城师范学校任教。孙家栋找到父亲,急切地期望能继续求学。父亲四处托人帮忙,他进了锦州大学先修班。

1948年9月,孙家栋考入由苏联管理的哈尔滨工业大学预科班。入学不久,新中国成立,哈工大交由中国政府管理。

1950年正月元宵节,下午,孙家栋本想去姐姐家的,姐姐早说好了,元宵节一家人包饺子吃。但同学中传来"小道消息",晚饭食堂加餐有红烧肉。"饺子"好,"红烧肉"更好,那年头吃顿红烧肉可稀罕了!"红烧肉"战胜了"饺子",孙家栋留了下来,准备吃了红烧肉再去姐姐家。

开饭时,炊事员果然端上来香喷喷的红烧肉。师生们正热热闹闹吃着,校领导来到食堂,宣读了一个通知:中国人民解放军空军将在他们学校挑选一批优秀学生去空军航校,有意者先自愿报名接受挑选。

参军!心仪已久,而且还是中国人民解放军空军!当晚,孙家栋便向学校递交了《申请书》,第二天,即获批准。

孙家栋被分配到刚刚组建不久的沈阳空军第四航校。学校组织了一次考试,他的俄语成绩名列前茅。当时,航校刚来了一批苏联航空教官,孙家栋被分配给教官当授课翻译。

我国空军的第一批飞行员，如赵宝桐、张积慧、王海、刘玉堤等都是在这所航校学成后参加战斗的。

一个月后，学校政治部领导找孙家栋谈话，详细了解他家庭出身的一些问题。孙家栋如实向组织汇报了情况，他小时候在爷爷身旁生活过几年，但对爷爷的印象不深。这是组织上的一次政审。当时有人反映孙家栋出身富农家庭，应该调离现在的重要岗位，甚至应该退回原单位。学校主要领导出面阻止，认为军队建设正是最需要用人的时候，孙家栋思想进步、工作积极、熟悉俄语，尽管出身于富农家庭，但不应该影响他工作，无需调离岗位。

后来，选调留苏入学茹科夫斯基空军工程学院，加入中国共产党，回国后参加高度机密的导弹研制，孙家栋经受了几次政审，尽管每次都有些波折，但每次都过"关"了。

没料到这次在东方红一号发射最需要自己的时候，却无法前往发射场，总体设计部负责人不在发射现场，这不等于一位指挥员无法亲临前线指挥吗？

孙家栋把自己一个人关在办公室里，愤怒的拳头狠狠地砸在办公桌上，把桌上的茶杯震倒了，茶水流满了桌面……片刻，他长长地叹了口气，几分沮丧，几分无奈。

不过，孙家栋自我克制的能力很强，很快让自己平静下来，提醒自己：眼下，重中之重应该将全部心思集中在卫星发射上……

东方红一号卫星、长征一号运载火箭正式由国防科委代表国家验收合格，秘密运往酒泉发射基地。在那个特殊年代，面临着国内外严峻形势，为确保星、箭运输绝对安全，采取了最高等级的安全保卫措施。专列除武装押运外，在途经几个大站时，均有荷枪实弹的解放军官兵进行戒严。专列运行中，北京、大同、兰州等铁路局党委主要领导干部亲临专列随车护送。

　　4月1日，经过4天4夜的长途跋涉，卫星和运载火箭悄然运抵酒泉基地。

　　4月2日晚，周恩来等中央领导在人民大会堂，再次听取汇报。由于"造反派"阻挠，孙家栋无法参会。

　　任新民坐在一个不显眼的位置，周总理巡视着参加会议的人员，问："任新民同志来了吗？"

　　任新民立即站了起来："总理，我到了。"

　　周总理指着他身旁的一个位置，说："到前边来，这是你的位置。"

　　周总理了解得很仔细，听得很认真。年逾古稀的他，蹲下身子，趴在地毯上铺开的世界地图边，与钱学森、任新民等专家一起察看地图，预测卫星飞行经过世界各大城市的时间，并提出将一些非洲国家的首都写在预报的方案中。他说："这是我国第一次发射人造卫星，意义重大，一定要严肃认真，周到细致，稳妥可靠，万无一失。不仅要把卫星送入轨道，还要对我国卫星飞经非洲各国首都上空的时间做好预报，比如也门、乌干达、赞比亚、坦桑尼亚、毛里塔尼亚等国,鼓舞第三世界的人民。"

会后,任新民深有感触地说:"总理那么忙,党的大事、国家大事都离不开他,日理万机。可对我们的火箭、卫星却知道得那么多、那么深,给予了具体的指导,他的学识、作风和学习精神,真是我们的楷模和榜样。"

钱学森派专人将周恩来的指示传达给孙家栋。

4月14日,卫星、火箭各项测试工作已基本就绪。钱学森、李福泽、杨国宇、任新民、戚发轫等几位领导和专家再次乘专机从酒泉回北京向中央汇报。

在北京的孙家栋被通知一起参加汇报。

晚7时,人民大会堂福建厅忽然灯火辉煌。

周恩来一边快步走进大厅,一边招手说:"来,来,从发射场赶来的同志到前面就座,过来,前面坐!"

工作人员将一线来的科学家、技术人员、工人师傅和两位战士请到了前排。

周恩来拿起一份来自发射场的人员名单,一一对照,对上一个,他就问对方多大年龄,哪儿人,哪个大学毕业或参加工作多少年了,从事哪一种技术工作等。当问到几位从苏联留学回来的科研人员时,周恩来叮嘱说:"俄文忘没忘啊?一定不能忘,多掌握一门知识是有用的。"

37岁的戚发轫是与会人员中最年轻的卫星专家,总理点到他的名字时,他迅速站了起来,总理笑着点头让他坐下。

"你是哪里人?"

"总理,我是辽宁金州的。"

"怎么听你的口音有点儿天津味儿啊?"

戚发轫有些发愣:"是吗?我自己都不知道。"

总理忽然转换了话题:"你们那里闹派性吗?"

"闹。"戚发轫直率地说。

"那你是哪一派的?"总理又问。

戚发轫赶忙回答:"我没有派。"

"没有派,那就是逍遥派啦?"总理笑了。他又指了指孙家栋问:"你们俩是不是一个派的?"

"不是。"

"那你们俩打不打架?"

戚发轫正要回答,一旁的国防科委主任王秉璋插话说:"他们俩不打,总理,他们俩工作能搞到一起,为了卫星研制,团结得很好呢!"

"好,不搞派性就好。主席说要团结,我看你们俩就是听主席话的好同志。"周恩来称赞道。

孙家栋和戚发轫都笑了。

参加汇报的技术人员中有几位是辽宁省人,有金县的,有复县的,有海城的,还有盖县的。总理风趣地说:"真巧,今天汇报的同志都是金、复、海、盖的,那个地方我去过。"

按拟定的汇报程序,钱学森首先汇报了火箭、卫星进入发射场后的概要情况。李福泽司令员汇报了发射场各系统的准备情况。任新民详细地讲述了火箭第一级、第二级的测试，介绍了火箭与导弹的区别，还讲到了中国火箭发展的方向。

周恩来手里拿支铅笔和一个小蓝皮本子，一边听着汇报，一边不时地记着。

汇报中，专用技术术语比较多，有的领导听不明白，总理就请钱学森解释。有一位技术人员对其中的一个问题说得不够清楚，参加会议的军管会领导很不满意，表示回去后要好好查查、严肃处理。总理关爱地说："我们的领导，我们老年人要爱护青年人，要帮助他们，不要动不动就训斥人。当然，青年人也要尊重老年人，要向老同志、老专家学习……"

在汇报到火箭、卫星的安全问题时，周恩来、李先念、余秋里、李德生等几位领导极为重视，围在一起仔细察看了火箭的飞行航图，并讨论万一发生事故，火箭将会掉在什么地方，什么位置。

该是戚发轫汇报卫星情况了，他站了起来，习惯性地从上衣口袋里拿出《毛主席语录》，正准备念，周恩来突然对他摆了摆手，说："毛主席语录我看就不念了，抓紧时间，你就直接讲吧。"

听总理这么一说，戚发轫马上将《毛主席语录》装进口袋。不过，他还是有些紧张，好在总理轻声细语地对卫星能不能入轨，入轨后能不能播放《东方红》乐曲，还有一些技术参数等，问得很细。戚发轫一一做了回答。

当另一位同志汇报卫星将要飞经的主要航线，讲到"卫星将飞经'蒙修'的领空"这句话时,周恩来眉头皱了一下,插话说:"蒙古就是蒙古嘛,不要什么事情都讲'修'啊'修'啊的。"

此时,钱学森心中还有个问题没有解决——"过载开关"的取舍问题。

研制卫星时,有人提出万一火箭上天达不到第一宇宙速度,卫星无法进入预定轨道,倘若卫星掉进大海,可《东方红》乐曲依然会在大海中"高唱",那就将成为政治笑话,影响国家声誉。为了防止万一,专家们想了很多办法,但都解决不了问题。情况汇报到钱学森那里,引起了他的高度重视。

后来,钱学森想出一个办法:在长征一号火箭的第三极上,加个"过载开关"。如果火箭发射正常,"过载开关"不工作,卫星正常供电;如果发射失败,卫星坠落,便会产生很大过载,此时"过载开关"就会切断卫星电源,"误唱"问题,从技术上得到了解决。

火箭、卫星进场,开始测试时,有技术人员对这个"过载开关"提出质疑:假如"过载开关"自身发生故障,该关时不关,不该关时反而关了;也就是,《东方红》乐曲该响时不响,不该响时响了,怎么办?尽管这是个假设的问题,但万一呢?谁敢保证不可能会有这个"万一"?

要不要加这个"过载开关",钱学森召开了三次技术讨论会,两种意见相持不下。钱学森也难住了,他没有轻易做主,问题上报国防科委。国防科委也不敢拍板,将问题报送中央审批。眼看发射在即，中央却还没有回复。

钱学森很着急，刚刚在飞机上，他还在想这个问题，"过载开关"的问题必须马上解决。

汇报得差不多了，周恩来合上本子说："大家看看，还有什么问题要说？"

钱学森站了起来："总理，关于'过载开关'的问题，不久前报告了中央，但未得到正式答复。马上就要发射了，这个开关取消还是保留，直接关系到卫星《东方红》乐曲的播放，请总理决定。"

周恩来没有马上回答，他的双眉微微蹙在一起，片刻又展开，转而问："你们几位专家认为火箭、卫星到底可靠不可靠？任新民同志，你是火箭的总设计师，你先说。"

任新民表示，从几次检测情况看，火箭的质量安全可靠。他说："火箭在飞行中如果发生故障，可采用两种手段进行自毁：一是箭上的自毁系统一旦辨认出程序和姿态的故障，立即可接通箭上爆炸器的电源，使火箭自毁；二是用外测系统从地面发出自毁指令，接通爆炸器电源，也可以使火箭自毁。我们已经在地面做过几次自毁试验，效果很好。"

"那您的意见？"周恩来问。

任新民果断地回答："不要装。"

戚发轫也回答，卫星质量可靠，可以不要装。

周恩来说："既然你们认为可靠，那我个人认为这个开关可以不要。不过，这件事，我还得向中央政治局和毛主席报告。"

戚发轫一听,忽地站了起来:"不行啊,总理。"

"为什么?"周恩来问。

"时间来不及啊!"

因为卫星和火箭的第三级现在在发射场已经处于对接状态,卫星内的蓄电池已经充上电解液。这种电池只做过横放四天四夜的试验,超过四天四夜蓄电池就可能发生漏液。专家们原以为这次进京汇报,马上可以定下来,没想到总理还得向中央政治局报告。如果时间超过四天四夜,那麻烦可就大了。

周恩来问钱学森:"为什么不可以再存放长点儿呢?"

钱学森说:"我们原以为只做四天四夜的试验差不多了。"

周恩来站了起来,说:"我明白了,中央会尽快做出决定的。"

汇报会从晚上7时一直延续到深夜12时。

周总理小声提醒李德生:"你通知一下,我们马上去京西宾馆开会。"

按原定计划大家要连夜赶回发射场。周恩来听说后,制止了:"你们很累了,一定要好好休息一下。再说,现在回去,到达时间是夜里,飞机降落不安全。还是明天早上起飞吧,白天降落,安全。"

周恩来一一与大家握手告别。

参加汇报的技术员徐肇孚眼含热泪,由于心情太激动,手里的笔记本不小心掉在了地毯上。周恩来发现,弯腰替他捡了起来,递给他,笑了笑说:"肇孚同志,这个本子可不能丢啊！"

最后，周恩来又对国防科委的领导交代说："今晚大家汇报得很好。还得辛苦几位专家，回去后把今晚大家说的有关火箭、卫星的情况，写一份正式的书面报告给我，我好尽快提交中央政治局会议研究决定。"

任新民、杨南生和戚发轫三人离开人民大会堂，被拉到国防部一间办公室，连夜起草给中央的报告。

凌晨，三位专家的报告，经钱学森、罗舜初修改，又送到国防科委主任王秉璋手上。

王秉璋看完报告，决定立即召开紧急会议，对报告再作一次会商。

罗舜初、钱学森、任新民、杨南生、戚发轫等又急忙赶来。

王秉璋有些抱歉地说："哎呀，深更半夜又让大家跑一趟，我觉得报告里还有些地方得写清楚。"

王秉璋拿着报告念道："火箭、卫星所有的地面试验都做过了。试验结果证明，没有问题。但是没有做过空间试验。没有做过空间试验，怎么理解？"

钱学森插话："是的，这句话有些别扭。"

王秉璋自言自语："什么叫空间？指天上还是地面？"

钱学森笑了，"咱们不能让中央领导看不明白啊！把'没有做过空间试验'这句话，改成'没有经过上天的考验'，怎么样？"

大家表示同意。

"还有一句话,大家看是否准确?"王秉璋念道,"'我们认为产品和设备质量是可靠的。'"

有人觉得,这话似乎说得太肯定了,应该留有余地。

多数人认为,火箭和卫星经过试验,证明没有问题。如果我们的技术人员到现在还不敢肯定产品的质量,势必影响中央领导对这次发射的决策。既然我们对自己所做的每一项工作、每一次试验都有把握,那干吗还给自己留有余地?

经过一番争辩,王秉璋拍板了:"我看这样吧,这句话之前加上几个字,改为'我们技术人员认为产品和设备质量是可靠的'。"

正在这时,周总理办公室的秘书来电话了,转达了总理的指示:凌晨6时前,一定将报告送到。

大家这时忽然明白,周总理和他们一样,也是一夜未眠。

4月16日深夜,周恩来亲自打电话通知国防科委:经党中央、毛主席批准,东方红一号卫星可以摘掉"过载开关"自毁系统。并批准火箭、卫星从技术阵地转入发射阵地。

毛泽东批准:同意发射!

酒泉基地。

4月17日,卫星和运载火箭转运到发射阵地南工位并进行吊装对接。

下午,负责火箭级间连接的操作手张召华,早已等候在操作位置,为避免碰坏仪器和将杂物带进舱内,他身穿紧身工作服，理光头发，换上软底新鞋，钻入舱内细心操作。顺利完成了一、二级运载火箭的对接。

晚上，吊装分队又将三级火箭与卫星组合体吊装对接好，完成了发射场上的第一项工作。

4月18日，火箭与卫星开始垂直测试。

运载火箭发射前要进行三次总检查，其中又以第二次总检查最为重要，火箭、卫星、遥测等系统设备仪器全部真实启动工作，模拟火箭卫星在天空中的运行轨迹，从而确定火箭和卫星是否具备发射条件。

加注分队在检查硝酸加注设备时，发现有沉淀物堵塞过滤器现象。

总指挥李福泽听了汇报，当即决定清洗过滤器、硝酸贮罐和加注管路，彻底排除隐患。

这时离上级要求的完成准备时间只剩下7天，时间紧、任务重，关键是这样大范围的清洗工作，加注中队从来没干过。分队长将大家召集在一起，迅速制定了清洗方案和安全措施。

拆卸过滤器时，由于管道里存留的大量硝酸喷出，使整个泵间和库房黄烟滚滚，毒气弥漫。擦洗硝酸贮罐最危险，因为贮罐里充满硝酸蒸汽和四氧化二氮，战士们虽然穿上防护衣、戴上防毒面具，呼吸还十分困难。为了安全起见，规定每人每次在罐内时间不得超过30分钟。

副分队长高春宇第一个爬进罐内，他怕轮换耽误时间，自己在罐内干了一个小时，经中队长多次催促才出来。

经过几天几夜连续苦战,终于将两个35立方米的贮罐、几百米长的管路和3个过滤器清洗干净,并更换了新的零件和压力表。

4月20日上午,周恩来亲自给罗舜初打电话,对这次发射提出了十六字要求:安全可靠,万无一失,准确入轨,及时预报。

罗舜初立即将周总理的指示电告李福泽。

李福泽马上布置将总理十六字要求做成巨幅标语,高高悬挂在发射架上。

4月21日下午,地下控制室气氛紧张,发射中队长张积华带领各号手正准备进行第二次总检查。

忽然有人轻轻"啊"了一声,张积华转脸一看,钱学森从入口处走来。

张积华连忙敬礼报告:"报告钱院长,发射中队正准备进行第二次总检查,请指示!"

钱学森点头示意按计划进行。

张积华请钱学森在控制台前就座。

地下控制室原本紧张的气氛变得更加紧张。

张积华下令:"各号手注意:第二次总检查开始。"

随即,各号手按部署进行操练。

总检查进行了120秒。

钱学森坐在那里一言不发,他从容镇静的神态感染了每位号手。总检查顺利完成后,他满意地朝大家微微笑了笑,离开了控制室。

4 月 23 日。

这是中国第一颗人造卫星——东方红一号发射前的最后一个夜晚。

那轮久违的月亮高高地挂在半空中，天空明净得像是用水洗过了一样，大地极其静谧，似乎连一丝声息都听不见。

由于当时发射场尚未建指挥所，运送火箭、卫星的专列，成了卫星发射临时指挥所。

深夜 11 时多，钱学森望着桌子上的那份《东方红一号发射任务书》，神色凝重。长征一号总体负责人任新民、发射中心司令员李福泽和政委栗在山都已经在任务书上签了名，最后只等他的签名了。

钱学森觉得手中的这支笔似有千斤重，几回拿起，又慢慢放下。他走到窗前，发射场灯光通明，搭载着东方红一号卫星的乳白色长征一号火箭，高高竖立在发射架上，像是一位即将出征的将士，昂首挺胸，气宇轩昂。

一想到三年奋战，向祖国人民汇报的时刻即将到来，钱学森便抑制不住激动的心情。他深知这次发射事关一个民族的地位和尊严，成功了，将使中国人扬眉吐气，干劲倍增；万一失利，带来的后果却是不可估量的。

发射卫星是一项复杂的系统工程，任何一点失误和隐患，都可能造成严重的后果。这些日子以来，钱学森带领火箭和卫星的主要科研人员和技术骨干，对技术上一些细枝末节又进行了反复推敲，并做了及时改进。特别是对卫星上天后高奏《东方红》乐曲这一问题，他几次叮嘱孙家栋："卫星的重中之重是必须奏响《东方红》。"孙家栋又带领技术人员对一些可能出现的隐患，采取了各种应急预案。

此时，钱学森最大的担忧是，东方红一号卫星和长征一号火箭上的元件、螺丝、导线等都没有经过上天的检验，谁也不敢保证上天后就没有个"万一"。同时，钱学森也深深懂得，航天事业没有百分之百的把握，特别是刚刚起步的中国航天事业，更不可能有百分之百的把握。我们不能因为没有百分之百的把握，裹足不前，以至于贻误时机。

钱学森站了起来，一转身，透过车窗，他的目光朝远处投去，远处黑幽幽的，不见一丝光亮。然而，他的心却一阵激动，他知道那里有基地的一块"圣地"——"东风"烈士陵园。烈士陵园建造于七八年前，那里埋葬着一百名英雄，他们中既有发射场的建设者，又有航天科技人员。

有一次，钱学森和李福泽晚饭后一起出去散步。经过烈士陵园时，李福泽问钱学森："您知道这个烈士陵园还有另外一个名字吗？"

钱学森说："这我还没听说。"

"我们的官兵也叫它'幸福村'。"

"哦？"钱学森有几分不解。

"官兵们说：住在这里的'村民'，都是为了全国人民的幸福而牺牲的。"

李福泽为钱学森讲了基地第一位烈士王来的故事。那年的一个下午，由于一次突发的意外事故，发射场附近的推进剂仓库起火，烈焰熊熊，毒气四散。此时，正在仓库附近的王来，下意识地往后躲了几步，紧接着，他利箭般地冲向前去，用自己的身躯扑灭火源。也是在那一瞬间，他的全身都被烧着了，战友们要冲来救他，他大喊一声"别过来"，便不顾一切往戈壁滩跑去。待到战友们追上他时，他已经趴倒在地上，整个人都被烧煳了，停止了呼吸。这位年仅22岁的年轻人，为了保护发射架，奉献出了宝贵的生命……

钱学森十分感慨："这里虽然不是战场，同样有人在流血牺牲……"

李福泽感同身受："这是一个特殊的战场，每名科技人员都是一名冲锋陷阵的战士！"

此时，钱学森站立在那里，望着窗外，神色肃然。

纵然有再大的风险，钱学森也会挺身而出！

钱学森转身回到桌前，举起笔，字字千钧地在任务书上写上"钱学森"三个字。

0号发射指挥员杨桓坐在发射岗位上，难以抑制心中的激动，神色凝重。

杨桓1927年出生于宁夏贺兰一个农户家里，他的小学是在家乡一个庙里上的。初中，他考取了宁夏中学。中学一毕业，他跑到西安上了农业高职学校。1943年，又从西安跑到四川绵阳上高中。高中毕业，他考取天津北洋大学（即现在的天津大学）水利系。大学毕业后，他于1949年3月参加中国人民解放军，1953年又以优异成绩考入哈军工海军系，学习海道测量专业，1957年留校任教。

杨桓和妻子彭凤绍是同届同学，专业是军事气象学。毕业后她服从组织分配，来酒泉参与我国第一个导弹基地的建设。夫妻俩一直两地分居，而基地司令员李福泽求才心切，一再找哈军工商调，杨桓终于1965年来到茫茫戈壁。他俩成了戈壁滩上第一对"哈军工夫妇"。杨桓先是在技术处当科长、副处长，后又去发射团任团长。这期间，他曾经指挥过两发导弹的发射。东方红一号卫星发射任务下达后，基地党委决定由他担任0号发射指挥员。

杨桓的左前方是发射操纵员胡世祥，是专门负责摁发射电钮的。这位优秀的年轻人，怎么也想象不到20年后，他会成为西昌卫星发射基地的司令员。

1940年，胡世祥出生于河南一个铁路工人家庭，他是伴随着苦水和泪水长大的。1960年胡世祥高中毕业时，学校挑选了他和三名同学，准备去苏联留学，后因中苏关系破裂，未能成行。抱着献身国防的志愿，他又考取了哈军工。五年苦读，毕业时，他选择了条件最艰苦的酒泉基地。尽管已经打下坚实的理论知识，但一进入发射场，他感到需要学习的东西还有很多很多。刻苦钻研导弹发射的各种问题，不放过任何一个细小的疑问。为了熟练掌握发射开关的操作，他甚至将开关插座捆在床头,晚上黑着灯反复操练。精湛的技艺和钻研精神,使他成为东方红一号发射的操纵员。

胡世祥深知这个指头大的按钮的分量,按动它一下不过是零点几秒,却关系到火箭能否准时起飞,决定着东方红一号成功与失败的命运,更关乎一个国家一个民族的声誉。

杨桓和胡世祥不时地切磋着发射时的一些细节,把能想到的问题都提前做了预案。

杨桓这时还有些放心不下明天的气象情况,不知道老天爷到时候给不给力。气象条件对于火箭发射的影响实在是太大了。杨桓还记得1964年6月的那次发射:火箭发射前10分钟,老天爷忽然翻脸,一场雷暴雨突然而至,瞬间,整个发射场电闪雷鸣,暴雨如注。全场官兵从四处冲向发射架,快速用拉杆与链条将火箭及发射台紧紧固定在台基上,保住了火箭的安全。

杨桓的妻子彭凤绍,作为高空气象科科长,为了给卫星发射预测良好的气象条件,几个月来,在上级有关部门的指导下,带领气象团队,不分昼夜地加班加点,随时掌握天气动态,不断作出以发射首区、卫星入轨区为重点的长、中、短期天气预报。东方红一号的发射举世瞩目,对气象预报的要求比过去任何一次发射都更高更严。卫星发射时必须晴好,从海南上空入轨时不能有雷电,飞经北京上空时,还得保证首都人民能看得见。

经过全面仔细分析,近期只有4月24日,基本满足发射条件。

离专列不远的气象室里，气氛热烈。

这是最后一次气象会商，它关系到明天火箭能不能加注，卫星能不能起飞。

给火箭发射预报气象，不同于一般的气象预报。它不仅要限定在某一天的某一时段上，而且还必须限定在发射场上空这唯一的一个点上，就是说，火箭起飞那一瞬间，发射场上空及火箭飞行的前一段空间的气象情况，必须要有准确的预报。内容包括有没有雷电，风有多大，雨下多久，云彩多厚，这次发射还附加了个条件，发射后两天，北京也必须是个晴天。

那时候仪器设备少，气象预报基本上凭资料积累，人员判断。

万事俱备，只欠东风。

"东风"已经徐徐吹拂了！

片刻，彭凤绍问："大家还有没有不同意见？"

"没有。"大家意见一致。

彭凤绍决断地说："向上级报告：4月24日，气象满足发射条件！"

星空灿烂，深不可测。

此时此刻，在茫茫的中国大地上，为了东方红一号的诞生，多少人殚精竭虑，多少人呕心沥血……

酒泉基地如同一台巨大的机器，所有的零部件都运作了起来，有条不紊，严丝合缝，甚至于一丝不苟。

基地一位警卫战士后来说:"那个夜晚,基地所有人的眼睛都闪烁着一种光芒……"

布设在全国各地的卫星测控站也已经做好了准备,所有的测控数据将汇总到西安测控中心进行处理。

当时,从北京到各省的通信线路只有几十条,全部靠电线杆架起来的明线完成,若是一根线路出问题,全部通信便会中断。为防止人为破坏,有关省(区)组织了 10 余万民兵。每根电线杆下面,都确保有人站岗,民兵们手握钢枪,用警惕的目光注视着四周动静。东方红一号整个发射过程,动用了中国 60% 的通信系统,保证测控通信安全。这真正称得上是举国之力了。

北京,从国防部、国防科委,到中南海;从航天领域的高级专家,到共和国的领袖,翘首以待那一刻的到来!

4 月 24 日——一个即将载入中国航天和世界航天史册的重要时刻即将到来。

凌晨,茫茫戈壁一片漆黑,发射场却是灯火辉煌。

发射场地面上的技术人员反复检查了发射塔上的遥测信号是否正常,垂直检查的结果,完全合格。勤务塔缓缓移开,工作平台的伺服臂将火箭紧紧抱住,等待给火箭加注燃料。同时,技术人员抓紧最后的时间检查各系统的测试和雷达装置。

5 时 45 分,加注分队的战士们戴着防毒面具,开始加注长征一号运载火箭第一级氧化剂。

4个小时后,只剩下第4个贮箱最后一点燃料没有加注完。大多数人员已经撤离发射场。

操作手在卸下加注连接器时,突然发生泄漏,四氧化二氮冒着黄烟在空中弥漫,有人下意识地喊了声:"不好,漏液了!"

此刻,只见操作手陈宪华和技师徐行一个箭步冲向前去,紧紧地压住喷漏口。尽管他们都戴着防毒面具,但毒气的浓度极大,呛得他们不得不将头扭向一旁。但他们始终没有撒手,咬着牙坚持到地下库房泵房停机,更换了新的加注器。

13时35分,氧化剂和燃料分别灌满了4个贮箱,加注完毕。

15时35分,周总理打电话给国防科工委罗舜初副主任,请他转告全体人员:"23日已经向毛主席报告,毛主席批准发射,希望大家鼓足干劲、过细地做工作,要一次成功,为祖国争光!"

李福泽接完电话,立即将"毛主席批准发射"的消息,传达给各单位,大家极受鼓舞。

太阳刚刚从云团间露出半个脸庞,又缩了回去。

基地气象部门的技术员们,手持仪表,在发射坪上跑来跑去,神色紧张。据预报,20时至21时云高7000米以上,风速小于4米/秒～5米/秒,符合发射条件。

18时30分,总体组的技术人员又回到发射场坪。刚下车,一位工作队员急匆匆跑来,对技术员韩厚健说:"这是发射班战士刚刚捡到的一只弹簧垫圈,好像是从离地面20多米高的第二级火箭上掉下来的。"

第七章 那颗"星星"会唱歌

韩厚建接过弹簧垫圈,心头不由得一惊,搞火箭的人最忌讳火箭上有什么多余物,因为一个小小的多余物甚至会导致发射失败。尽管这只垫圈直径仅为 8 毫米,但它是不是因为结构松动,从什么零部件上脱落的?还有没有其他东西残留在火箭里?此时,火箭上的百余个火工品都已装好,火箭处于待发状态,发射场除了发射班几位战士,再没有其他人员。

刹那间,空气似乎凝固住了。

韩厚健连忙喊来一位工人师傅,说了声"上",便一起往发射架上爬。对火箭构件了如指掌的韩厚建,首先想到的是气瓶,因为直径 8 毫米的连接件,只有气瓶装置组使用。对,赶紧先查查这个部位。

韩厚建和工人师傅打开舱门一看,每个气瓶组上的弹簧垫圈都完好无缺。他心里有了底,大胆断定:发射班战士捡到的垫圈是一个多余物,火箭的结构没有问题。那位师傅也是这个意见。

韩厚健回到 300 米处的休息室,大家分析了情况,一致认定火箭安全可靠。

20 时,01 号发射指挥员杨桓下达了"一小时准备"号令。

在发射架不远处,李福泽将军和钱学森注视着长征一号。他们谁也不说话,就那样默默地注视着。

忽然,李福泽问:"大专家,今晚的发射,你心里到底有几成把握啊?"

一般难得开玩笑的钱学森,半开玩笑半认真地问:"怎么?

司令员没有信心啦？"

李福泽一笑："哪能呢，有大专家坐镇，马到成功！"

钱学森说："把握当然有，不过，这是我们第一次发射人造卫星，什么情况都可能出现，也得有失败的心理准备。"

李福泽信心满怀地说："从测试情况看，我感觉没问题。成功的把握应该是八九成甚至十成。不信，咱们打赌。"他想以此来放松一下大家紧张的心情。

钱学森转脸问他："打赌？赌什么？"

"茅台。"

"茅台？茅台好！几瓶？"

"两瓶。"

钱学森认真地说："军中无戏言！"

李福泽挥了挥拳头，"一言为定！"

离开钱学森，李福泽刚走到地下控制室门口，一位技术员匆匆跑出，向他报告："司令员，不好啦！"

李福泽一下冲进地下室，急问："出了什么情况？"

一旁的一位技术员说："应答机的信号丢失了！"

应答机是卫星上的一个重要部件，一旦发生故障，卫星上天后将影响跟踪测量的精度和轨道预报的准确性。

李福泽骂了声"胡闹！关键时候掉链子"，看了看表，离预定发射时间还有不到一小时时间，严厉地问："排除故障需要多长时间？"

技术员说："大概要半小时！"

李福泽两眼瞪得像铜铃,"半小时太长,想想办法,尽量提前!"

钱学森闻讯,也快步来到地下室。李福泽与钱学森紧急商议了一下,抓起电话,向中央专委做了汇报,请求推延一小时发射。专委值班人员要求尽快排除故障,是否延迟发射,须等请示周总理后才能决定。

片刻,北京传来周恩来指示:同意推迟发射,一定要把应答机的故障排除,全世界都在盯着中国呢!

李福泽挂了电话,黑铁塔似的站在那里。地下室里的空气紧张得像点一根火柴就可以燃烧起来。

应答机故障很快排除了,问题不在卫星上,而是地面触发信号源性能下降,功率太低,造成触发不良。

李福泽骂了声"胡闹",和钱学森一起离开地下室。

天色慢慢暗了下来。2号脐带塔上的红色安全灯亮了。

发射前的最后一项工作,各系统要将箭上和星上有红色标识的堵盖和插头全部取下,其中卫星短路插头最为关键。它在地面测试时用地面供电,发射时要接上星上电源供电。为了万无一失,必须由火箭方、卫星方和发射基地三方代表同时在场,取下短路插头,并接上星上供电接头。

21时,01号发射指挥员下达"30分钟准备"号令。

高音喇叭里传出"全体人员撤离现场"的声音,五层平台开始撤收。

发射场空无一人,突然变得格外冷清、沉重起来。四周几盏硕大的聚光灯,将整个场坪照得亮如白昼。发射架下悬挂着的巨幅木牌上,周恩来提出的"安全可靠,万无一失,准确入轨,及时预报"16个红色大字,在灯光的照射下,醒目耀眼。

长空高阔,仿佛敞开胸怀在迎接中国第一颗人造卫星飞来。

在指挥所里,李福泽接到周恩来打来的电话:"李福泽同志,请转告今晚战斗在发射场的同志们,大家辛苦了!下一步关键是工作要准确,不要慌张,不要性急,要沉着,要谨慎,争取一次成功!"

李福泽通过话筒,向各战位的官兵和技术人员传达了周恩来的问候和指示。整个发射场和每个岗位的高音喇叭里,响彻着周恩来的问候和指示。

瞬间,一红一白两颗信号弹划破夜空。

一小时前天空还有很低的厚云层,似乎在一瞬间,云层神话般地消失了,万里无云,星斗满天。

搭载着东方红一号卫星的乳白色长征一号火箭,矗立在高高的发射架上,如同待命起飞的战机。

21时34分,01号发射指挥员杨恒发出"一分钟准备"命令。

紧接着一声"牵动"口令,发射场区和航区各种测量、记录设备同时启动。

"点火!"21时35分,发射中队长张积华下达口令。

三分队队长刘庆贵、操纵员胡世祥依次复述"点火"口令。

胡世祥迅速按下红色"点火"按钮。

21 时 35 分 44.7 秒，"轰——"一声巨响，长征一号火箭 4 台发动机喷射出几十米长的纺锤形火焰，巨大的气流将发射架底部导流槽中的冷却水吹出四五百米远。火箭伴随着震耳欲聋的轰鸣声，腾空而起，直刺长空。

火箭艳烈的火焰划破夜空，越升越高，越来越小，直至消失在天际处。

在总场区调度参谋一连串口令中，场区各种光测设备立即紧紧抓住了目标，大容量的遥测车收到天上、地面发出的遥测信号，单脉冲雷达和多普勒测速仪也捕获了目标。

"捕捉目标！"

"飞行正常！"

"一级关机！"

"二、三级分离！"

"星箭分离！"

21 时 48 分 46 秒，调度参谋报告："卫星入轨！"

发射场沸腾了！

茫茫大沙漠上，上万参试人员的欢呼声、口号声响成一片。

湘西、海南两站将接收录制的东方红一号卫星播放的《东方红》乐曲信号磁带，由专机送往北京，供中央人民广播电台向全世界播送。

22 时，国防科委向周总理报告卫星发射成功。周总理高兴地说："准备庆祝！"并立即向毛泽东主席报告了这一喜讯。

东方红一号发射成功，我国成为继苏联、美国、法国和日本之后，世界上第五个拥有用自制运载火箭发射本国自行研制人造卫星能力的国家。

东方红一号卫星初始运行轨道距离地球表面最近点高度439千米，最远点高度2384千米，轨道平面与地球赤道夹角68.5度。卫星外形为直径1米的72面球体，用20.009兆赫的无线电频率播放《东方红》乐曲。

东方红一号卫星重173千克，比苏联的第一颗人造卫星的83.6千克、美国的8.21千克、法国的42千克、日本的9.4千克这4颗卫星的重量加起来还重。卫星的跟踪手段、信号传递方式、星上的试验系统也都超过这些国家第一颗卫星的水平，真正实现了当年毛泽东的愿望：要放就放个大的，不像美国抛上天一个"鸡蛋"。

当夜8时29分，东方红一号卫星在飞行第16圈时，经过北京上空。百万首都市民涌上街头，争相观望。当明亮的卫星缓缓经过天安门广场上空时，有人最先喊了起来："看啊，过来了！过来了！"人们欢呼雀跃，兴奋无比。有人领先唱了起来：

> 东方红，太阳升，
> 中国出了个毛泽东
> 他为人民谋幸福，
> 他是人民大救星……

此刻，孙家栋坚守在北京卫星总体部设立的临时卫星接收站里，两眼紧紧盯视着面前的仪表，丝毫不敢放松。卫星虽然上天，并已入轨，但卫星能否将《东方红》乐曲播放出来，乐曲能否不走调，还是个未知数，还要等卫星在天上转上一圈之后，中央人民广播电台收到《东方红》乐曲，才能最后确定卫星工作是否正常。他下意识地不时仰望长空……

9时50分，中央人民广播电台传出消息：东方红一号卫星播送的《东方红》乐曲，已经准时收到，声音响亮清晰。

新华社将准备公开发表的新闻公报，送到总理办公室。周恩来审阅时把原稿里"坚持自力更生，艰苦奋斗"的方针，改为"坚持独立自主，自力更生"后，郑重地在发稿单上签上"周恩来"三个字。

忽然，周恩来像是又想到了什么，拨通了国防科委副主任罗舜初的电话："舜初同志，公报中写的有关卫星的参数都准确吗？"

"总理，这些数据都是经过计算的。"

"那卫星入轨的精度是多少，现在知道吗？"

"这个精度还在进一步计算之中。"

周恩来停顿了片刻，说："为了稳妥起见，还是再等一等，等美国方面公布后，我们进行一下比较，再向全世界公布。你的意见呢？"

罗舜初表示同意："按总理指示办。"

周恩来连夜飞往广州，准备去参加由越南、越南南方、老挝、柬埔寨领导人召开的"三国四方会议"。

第二天,"美国之音"最先向世界报道了中国发射第一颗人造卫星的消息,同时公布了卫星入轨的参数。与我方的实际参数几乎一致。美方还收录了从卫星传出的《东方红》乐曲。

周恩来走进会场前获悉这一信息,他兴奋地向大会宣布:"朋友们!为了庆祝这次会议的召开,我给大家带来了中国人民送给你们的一个礼物,昨天,中国成功地发射了第一颗人造地球卫星。中国人造卫星发射成功,是中国人民的胜利,也是我们大家的胜利!"

当晚6时,新闻公报一经新华社发表,全国各大城市彩旗飞舞,锣鼓喧天,人声鼎沸。

东方红一号飞天,震惊世界。

【路透社香港1970年4月26日电】

中国发射空间探索物使这个世界上人口最多的国家进入了空间时代。此间观察家认为,这无疑提高了北京政府的威信,而且生动地提醒它的朋友和敌人,中国已具有大国地位。

【新加坡《星洲日报》1970年4月27日社论】

中国已经成功地发射第一颗人造卫星。在国际

第七章 那颗"星星"会唱歌

政治上,这是震天动地的事件,因为无论你对共产党中国的个人感官如何,这颗新太空卫星,像1964年中国第一颗原子弹爆炸一样,标志了整个世界实力均衡的改变,因此也将改变整个国际政治局势。

从东南亚的眼光看,我们尤其注意的当然是这件事对于整个亚洲局势的特殊意义。

【美国《纽约时报》1970年4月26日社论】

中国的成就是对天文学作出贡献的国家光辉历史的一部分。在天文学方面,1000多年前中国天文学家的观测至今仍是重要资料。

当然,中国的第一颗卫星除了科学意义,还有政治和军事意义。这次成就证明,最近几年中国在技术方面继续取得进展。

成功了!

旭日东升,朝霞满天。

孙家栋走出了接收站,多日来紧紧揪在一起的心顿时放松了下来,他久久地望着长空,先是笑着、笑着,忽然,双手掩面,热泪横流。

中国人终于敲开了宇宙空间的大门!

无法去现场,那些日子,孙家栋作为卫星总体设计负责人,如履薄冰，如临深渊。他最为担心的是卫星的稳定性，卫星上有上万个元器件和零部件，形成一个庞大而复杂的串联系统，只要其中一个出了问题，整个系统就会失效。卫星入轨第一天，卫星温度便上升了1℃，假如以后每天都上升1℃，超过40℃，卫星中的元器件将会因承受不了高温而被烧毁，甚至发生爆炸。孙家栋急了，法国第一颗卫星上天后，电源结冰，停止工作。日本第一颗卫星上天后，只转了6圈，就因"发高烧"到60℃而失效。他连忙给热控专家闵桂荣打电话："卫星温度还会不会再高？"闵桂荣很有把握地回答："放心，这颗星的温度最高不会超过35℃。"果然，卫星的温度上升至33℃后便不再升高。

孙家栋搜肠刮肚把万一可能出现的问题，一个个在脑子里"过电影"，又将解决问题的一个个预案想好……有天夜里，他大声喊道"加大音量！加大音量"……一惊，醒了，原来是做了个梦，地面接收站接收不到卫星发出的《东方红》乐曲，急得他大喊起来……

身旁的妻子被惊醒了，推了他一下："家栋，你怎么了，家栋……"

孙家栋坐了起来，说："……做了个梦……没事……没啥事……你睡吧……"

几天后的"五一"国际劳动节，夜晚，长安街灯火辉煌，数十万军民云集广场。受中央办公厅的邀请，钱学森、罗舜初、李福泽、任新民、戚发轫等25位卫星研制和发射单位的代表，登上天安门城楼，参加劳动节盛典。

一曲《东方红》乐曲传来，毛泽东、周恩来、西哈努克亲王等领导和嘉宾走上了城楼。毛泽东一边走一边向大家挥手致意，周恩来引导毛泽东来到一支特殊的队伍前，介绍说："主席，他们就是发射火箭、放卫星的！"

毛泽东双眉笑展，他握着钱学森的双手，久久不放。然后，又高兴地与队伍中的每个人握手，大家都沉浸在无比幸福之中。

蓦地，这位一代伟人，转过身，缓缓举头，将目光投向深邃的星空，像是也在寻找那颗"中国星"……

东方红一号总体设计负责人孙家栋，未能受邀参加天安门观礼，这未免有些不公正。不过，那个年代的人思想比较单纯，而一门心思搞科研的孙家栋似乎更单纯，没让上天安门城楼，组织上可能有什么考虑，他也没太往心里去。有同事替他抱不平："孙总，我们不上天安门没什么可说的，不让你上，不公平。"孙家栋眯着眼，微微笑着说："卫星成功上天最重要，不可能大家都上天安门城楼，有代表上就行了。"

"五一"之夜，晴空万里，繁星璀璨。

孙家栋与妻子魏素萍带着一双儿女，早早就站在小阳台上，等待着东方红一号卫星的出现。儿子中亮、女儿魏红等不及，不时地问："爸爸，'东方红'来了吗？""爸爸，那颗很亮的星星，是不是'东方红'？"

"看，'东方红'来了！"

"哪颗？哪颗？我怎么没发现？"

"顺着我手指方向的那颗,看见了吗?"

"哦,看见了!"

"我也看见了!'东方红'比其它的星星还亮!"

"哦!哦!"中亮高兴地蹦了起来。

"爸爸,你怎么流泪了?"女儿问。

"没……没啊……"孙家栋连忙掩饰着。

女儿说:"我看见你流泪了。"

母亲说:"你爸爸高兴的呗!"

"中亮、魏红,你们一定学过'扬眉吐气'这个成语,爸爸现在的感觉就是扬眉吐气!"孙家栋对孩子们说,"过去,因为保密,很多事情爸爸不能说,现在我可以告诉你们了,这颗'中国星'大到每台设备、小到每颗螺丝钉,都是咱们中国人自力更生、发愤图强造出来的。"

女儿钦佩地说:"爸爸,你们怎么这么厉害啊!"

"爸爸的同事们,还有许许多多的科技工作者、工人师傅,都付出了汗水和心血!"片刻,孙家栋又说,"中国人这口气憋得太久太久了。"

儿子和女儿突然发现,爸爸的神色从来没有这样严肃过。

女儿说:"爸爸,你现在已经扬眉吐气了,你已经多长时间没带我们去公园玩儿了,庆祝卫星上天,你要带我和哥哥去公园玩一次!"

孙家栋痛快地答应:"好,好,明天带你们去公园玩儿!"

孙家栋一家人兴奋地眺望着这颗会唱歌的"星"……

此时，还有个人也在关注着东方红一号卫星，他就是《东方红》音乐装置的研制者刘承熙。东方红一号音乐装置研制成功后，有关部门却突然通知刘承熙去河南驻马店农村劳动改造。在农村整整干了一年多的农活，刘承熙刚回到北京，便得知发射卫星的消息。他在家里捧着台半导体收音机，贴在耳朵旁，一边听，一边焦虑万分，他担忧天上的卫星放不响《东方红》乐曲，或者走了调。当收音机里清晰地传来《东方红》乐曲时，他竟痛哭不止。

多年后，孙家栋在谈到东方红一号卫星时，说："我国第一颗人造卫星东方红一号是以中国科学院为主负责，从提出建议到卫星方案的提出，从卫星本体设计、研制、试验到卫星初样的成功，以及空间环境的探索和地面测控系统的建立等，都是以科学院为主完成的。中国科学院在我国第一颗人造卫星方面做出了奠基性、开拓性的工作。张劲夫、裴丽生副院长和新技术局局长谷羽等，还有许多著名的科学家，如竺可桢、赵九章、王大珩、钱骥、张钰哲、关肇直、吴新谋、陆元九、王绶琯、吕强等，都投入了很多的心血，付出了艰辛的劳动。"

从1967年7月接手东方红一号卫星总体部工作，到1970年4月卫星上天，不到三年时间。尽管那时候还没有总设计师这一设置，但这次历练为孙家栋此后半个世纪的航天生涯，打下了坚实的基础。

2020年3月28日，东方红一号卫星再次飞过北京上空，中科院国家天文台用一组连拍照片，记录下其中20秒的轨迹。微博、微信等社交网络上，无数人竞相观看、转发这段视频。说来真是一种奇迹，当时设计寿命只有14天的东方红一号，已经绕地球运行了整整半个世纪。按一般规律，它早应该消失在大气层中。专家解释，东方红一号质量比其他卫星更重一些，它的72面球体设计，最大限度地减少了所受阻力。同时，卫星预定轨道较高，受地球引力不大，因此还能在目前的轨道上继续运行。

中国从1958年毛泽东正式提出"我们也要搞人造卫星"，到1970年把人造卫星发射上天，前后12年——而这12年间，航天人经历了共和国最艰难最不平常的岁月：1957年的"反右斗争"，1958年的"大跃进"，1960年至1962年的"困难时期"，1966年开始的"文化大革命"。这颗"政治卫星"也深陷二律背反的内在矛盾之中：一方面社会急切地呼唤着卫星上天，另一方面社会又强力地阻碍着它的降生。中国航天人经历着双重的压力和磨砺，付出了双倍的艰辛和心血。

东方红一号卫星上天的真正意义在于，在那个年代里，继第一颗原子弹爆炸成功后，中国人坚持独立自主、自力更生，将一颗重达173公斤的卫星托举升空，并让《东方红》乐曲在太空响彻了整整28个昼夜。从此，中华民族挣脱地球的束缚，敲开了宇宙空间的大门，开创了中国航天的新纪元！

后人在回顾这段历史时，对能取得如原子弹、氢弹、人造卫星和第一艘核潜艇下水等一系列举世瞩目的科研成果充满震惊。

中央军委原副主席刘华清是这样解释的：

> 首先，毛泽东、周恩来、邓小平、聂荣臻、叶剑英等一批中共中央、国务院、中央军委的领导人，是真抓现代化，真干国防现代化的。他们有很多论述、指示和批示。凡国防科学技术的方针政策、规划计划、重大项目的研制试验，都是他们决策和批准的。其次，国际环境紧张，国家的安危，迫使我们不能放慢国防科学技术发展的步伐。当时，美国侵越战争升级，中苏关系恶化，全国处于战备状态。中央提出"备战、备荒、为人民""准备早打、大打、打核战争"的号召，并决定加强战备和武器装备。第三，有一支专业比较齐全的优秀科技队伍。这支队伍里，有国内生长的，有从国外回来的，有从旧社会走过来的，有在新中国诞生后培养起来的。振兴中华、把落后贫穷的中国改变成现代化强国的使命感，把他们团结在一起，在戈壁沙漠等艰苦环境里，默默奉献着青春和生命。在"文革"动乱中，很多人虽深受精神和肉体的折磨，但仍不改对科研的执著追求，戴上"高帽子"挨批斗，摘下"黑帮"牌子搞科研，充分体现了中国知识分子无私奉献的高尚品格，展现了他们为国家强盛而

执著追求的伟大情操。应该说,他们是中华民族的脊梁。

2020年4月24日,是"中国航天日",也是东方红一号卫星发射50周年纪念日。

此前,孙家栋、王希季、戚发轫、胡世祥、潘厚任、胡其正、彭成荣、张福田、陈寿椿、韩厚健、方心虎等11位当年参与东方红一号任务的老科学家给习近平总书记写信,回顾了中国航天事业发展的辉煌历程,表达了对实现中国梦、航天梦的坚定信心。

4月23日,习近平给老科学家们回信——

孙家栋、王希季等老同志们:

你们好,来信收悉。作为"东方红一号"任务的参与者,你们青春年华投身祖国航天事业,耄耋之年仍心系祖国航天未来,让我深受感动。

50年前,"东方红一号"卫星发射成功,我在陕北梁家河听到这一消息十分激动。当年,你们发愤图强、埋头苦干,创造了令全国各族人民自豪的非凡成就,彰显了中华民族自强不息的伟大精神。老一代航天人的功勋已经牢牢铭刻在新中国史册上。不管条件如何变化,自力更生、艰苦奋斗的志气不能丢。新时代的航天工作者要以老一代航天人为榜样，大力弘扬"两弹一星"精神，敢于战胜一切艰难险阻，勇于攀登航天科技高峰，让中国人探索太空的脚步迈得更稳更远，早日实现建设航天强国的伟大梦想。

祝你们健康长寿、生活幸福！

习近平

2020 年 4 月 23 日

东方红一号卫星作为第一颗遨游太空的"中国星"，50年来见证了中国航天无数个"第一"：第一颗返回式卫星、第一颗通信卫星、第一颗导航卫星、第一颗飞向月球的探测器、第一位飞越太空的中国宇航员、第一面闪耀在月球表面的五星红旗、第一辆在火星降落的火星车……

东方红一号已经不仅仅是一颗卫星的名字，它成为民族的一座精神"灯塔"，承载起了一个国家的荣誉！